Немецко-русские рассказы

Jakow und Kolja

Deutsch -Russische Geschichten

Von Claudia J. Schulze

„Je mehr ich las, umso näher brachten die Bücher mir die Welt, umso heller und bedeutsamer wurde für mich das Leben."
—Maxim Gorki

"Чем больше я читал, тем более книги роднили меня с миром, тем ярче, значительнее становилась для меня жизнь". Максим Горький

Herstellung und Verlag: BoD – Books on Demand, Norderstedt
ISBN: 9783754310717

Autor: **Claudia J. Schulze**, Konstanz, Übersetzerin: **Oksana Shishkina**, Kazan, Illustrationen: **Anke Hartmann**, Leipzig

Lektorat: **Phillo**, Leipzig

Große Schrift, © 2021

Inhaltsverzeichnis

Jakow und Kolja

Sascha und die Baba Jaga

Liebling

Aljoscha und Katya

Milo, der traurige Kater

Deutsch: Claudia J. Schulze

Содержание

Яков и Коля

Саша и Баба Яга

Любимчик

Алеша и Катя

Майло, грустный кот

Russisch: Oksana Shishkina (Оксана Шишкина)

3

Jakow und Kolja

Niemand kannte Kolja länger als Jakow.

Höchstens vielleicht noch Koljas Eltern, doch das zählte nicht so recht, weil sie nie die Chance hatten ihn so richtig kennenzulernen. Der Wind hatte ihn zu Jakow getragen, noch bevor er selbst überhaupt fliegen konnte. Das war nicht so weit gewesen wie es sich vielleicht anhören mag. Ganz in der Nähe seines Nestes hatte Jakow den Kleinen gefunden, behutsam aufgehoben und zu sich nach Hause gebracht.

Koljas Eltern waren Rabenfängern in die Hände gefallen, und auch der alte Jakow hatte jetzt am nahendem Ende seiner Tage niemanden mehr auf der Welt, so dass er ganz froh darüber war nun für jemanden sorgen zu können. Dies machte er auch richtig gut. Er nannte Kolja einen „Glücksraben", um damit ganz entschlossen dem entgegenzuwirken, was man in Russland zu dieser Zeit über Raben dachte. Man machte sie nämlich für jedes Unglück, welches den einen oder anderen zuweilen ereilte, verantwortlich. Jakow hatte auf so etwas noch nie etwas gegeben. Als ihm Frau und vier Kinder nach und nach in nur einem Winter weggestorben waren, hatte er noch nicht einmal den Herrgott dafür zur Verantwortung gezogen, von Raben einmal ganz zu schweigen. (Herrgott sagte man damals in Russland anstatt „Gott"). „Jakow wusste, dass es die Armut war, die solche Todesfälle nach sich zog. Nicht einmal einen Arzt hätten sie sich leisten können. Für arme Menschen wie Jakow und seine Familie endete das Leben häufig auf diese Weise. Er hatte sehr getrauert, sein Kopfkissen nass geweint und war ein ganzes

5

Jahr lang war er nicht unter Menschen, noch in die Natur hinausgegangen. Er verstand nicht warum er noch da war. Am liebsten wäre er damals mit seiner Familie weggegangen. Doch dann, irgendwann als er am allerwenigsten damit rechnete, war dieser Kolja in sein Leben geflattert. Winzig, schwarz und den ganzen Tag hungrig. Wenngleich er seine Familie schwer hatte ernähren können: Für einen so kleinen Vogel reichte es allemal. Er bekam unzählige Regenwürmer und Walderdbeeren, Körner und all das, was ihn groß und stark werden ließ. Der Waldbauer gab Jakow, im Gegenzug zu dessen Schnitzereien Rahm und Honig, doch den brauchte Jakow meist für sich selbst.

Dafür bekam Kolja sonst alles andere. Auch Krumen vom Brot und was ebenso anfiel. Kolja wuchs prächtig heran, doch gab es etwas, vor dem er Angst hatte. Das war nicht irgendetwas, sondern es bezog sich auf etwas grundlegend Wichtiges: Kolja hatte nämlich Angst davor zu fliegen. Zunächst entschuldigte es Jakow damit, dass Kolja noch so klein war, dann mit dem

Umstand, dass er immerhin unsanft aus dem Nest gefallen war. Doch schließlich kratzte er sich vor lauter Sorgen am Hinterkopf, weil er nicht wusste was er tun sollte. Was, wenn Kolja niemals würde fliegen wollen? Seine Flügel waren vollkommen in Ordnung, daran lag es nicht. Jakow überlegte fieberhaft: „Was konnte man denn nur tun?" Um Kolja zu zeigen wie man flog, rannte er sogar über den Acker und begann dabei wild mit beiden Armen zu rudern.

Damit verscheuchte er allerdings nur ein kleines, hellgestreiftes Wildschwein, das sich schleunigst von der Lichtung machte.

Kolja beobachtete das ganze Geschehen ungerührt und regte sich nicht von der Stelle. Schließlich zeigte ihm Jakow die anderen Vögel. Viele Stunden verbrachte er mit dem kleinen Raben im Wald, zeigte ihm die Eulen und Vögel- doch ohne Erfolg. Jakow, der ein ausgesprochen begnadeter Schnitzer war, schnitzte Kolja sogar eine eigene Serie von Raben zunächst mit geschlossenen, dann mit weit ausgebreiteten Flügeln, zu pädagogischen Zwecken.

Kolja betrachtete sich diese kleinen Kunststücke durchaus interessiert, pickte sie ein wenig an, hier und dort, wetzte auch seinen Schnabel an einer der größeren Figuren. Fliegen jedoch tat er nicht.

Daraufhin tauschte Jakow die Schnitzereien gegen warme Hausschuhe bei der Waldbäuerin und eine Handvoll Nägel zum Ausbessern des Hauses bei ihrem Mann ein. Auf dem Rückweg brachte er Kolja, wie so oft, dessen geliebte Walderdbeeren mit.

Kolja begrüßte ihn bei seiner Heimkehr ganz stürmisch, setzte sich auf Jakows Schulter und knabberte ihm freundlich ein wenig am Ohr.

Wie sehr er diesen Vogel liebte!

„Was soll ich denn nur mit Dir machen?" Jakow wusste ja selbst, dass er alt war. Immer würde er nicht für Kolja sorgen können. Einmal gab er sogar vor Hilfe zu brauchen. Er ließ sich sehr dramatisch zu Boden fallen und deutete mit verzerrtem Gesicht auf sein Bein. „Hol Hilfe,

Kolja!" Doch auch das brachte nicht den gewünschten Erfolg. Kolja blieb brav bei ihm sitzen, kuschelte sich ein wenig an seinen Handrücken und rührte sich, darüber hinaus, erneut keinen Deut von der Stelle.

Jakow seufzte und seufzte, doch auch vom Seufzen fiel ihm keine Lösung ein.

„Ich kann ihn ja nicht einfach vom Dach werfen, damit er endlich fliegt!" Sprach es und blickte zu dem Dach hinauf. So hoch war es im Grunde gar nicht, und das Gras stand hoch und dicht. Sollte er es wagen? Jakow nahm sich drei ganze Tage Zeit, überlegte hin und her, bis er schließlich zu dem Schluss kam, dass er es versuchen müsste. Um Koljas´ Willen! Denn wie sollte er später einmal ohne ihn zurechtkommen, wenn er nicht fliegen konnte? Jakow wusste, dass er sehr vorsichtig vorgehen musste, damit Kolja nicht witterte was er vorhatte. Immerhin war er ein kluger Rabe. Jakow nahm also sein Werkzeug in die Hand, band sich die kleine Tasche um, in der Kolja ihn zu begleiten pflegte, stieg auf das Dach und begann alte Schindeln auszubessern.

Kolja saß ahnungslos daneben, blickte ihn mit seinen frechen, dunklen Augen an und fühlte sich seines Lebens froh. Wie schön war es doch bei dem alten Jakow zu sein. Dieser hämmerte so vor sich hin, begann aber bald unter seiner Mütze zu schwitzen. Wie sollte er es denn nur anstellen? Sollte er Kolja denn nicht wenigstens ein bisschen vorwarnen? Nein! Es half nichts. Behutsam nahm er Kolja also auf, trug ihn zum Rande des Daches, versicherte sich, dass sein kleiner Rabe im Notfall weich fiele und warf den überraschten Vogel weit nach oben in die Luft. „Flieg, Kolja, das kannst Du!" Es fiel ihm schwer, und außerdem kam er sich wie ein Verräter vor. Kaum wagte er noch zu atmen als er zu seiner größten Freude sah wie Kolja seine Schwingen ausbreitete, flatterte, segelte, wackelte und – flog. Kolja flog! Jakow wischte sich verstohlen eine Träne aus dem Augenwinkel, dann musste er darauf achten selbst das Gleichgewicht zu halten. „Immerhin- *ich* alter Narr habe keine Flügel", brummte er. Derweil flog Kolja immer weiter und immer höher hinaus. „Ob er über- haupt zu mir zurückkommen wird?", begann sich Jakow zu fragen. „Vielleicht mag er mich nun gar nicht mehr, verübeln könnt' ich's ihm nicht." Doch da kam er schon auf das Dach zugeflogen, hielt auf Jakow zu, traute sich dann jedoch nicht dort zu landen, zog noch eine weitere Runde und landete weich im Gras.

Jakow machte so schnell er nur konnte, um vom Dach zu kommen. „Kolja", lobte er ihn! „Das hast Du ganz fein gemacht!" Kolja war selbst stolz auf sich. Das war nicht zu übersehen. Seine Augen glänzten, und sein Gefieder war zerzaust. Von dieser Stunde an verging kein einziger Tag, an dem Kolja nicht geflogen wäre.

Seine Routen wurden immer ausgedehnter, die Ausflüge länger, die Flüge höher. Das, was ihm so lang Angst gemacht hatte war zu seiner größten Freude geworden. Von Jakow natürlich abgesehen. Zu ihm nämlich kehrte er immer wieder zurück, und das nicht wegen all der Regenwürmer und der Walderdbeeren. Nein, er kehrte zu Jakow zurück, weil dieser sein Freund war. „Einmal, Kolja", sprach Jakow, das war viele Monate später, „werde ich auch fliegen können, glaub mir! Wenn meine Seele nämlich, zack zack, ganz schnell in den Himmel saust, so dass der Wind nur so vor Überraschung- pfeift." Wie er es sagte bemerkte er, dass er gar keine Angst vor diesem Tag hatte. Das musste er auch nicht. Zum einen nicht weil er sich sicher war dort wieder auf seine Familie zu treffen, aber das Ganze hatte noch einen ganz anderen Grund. Sie hatten noch nicht direkt darüber gesprochen, das heißt er hatte es Kolja noch nicht erzählt. Kolja selbst krächzte ja zumeist nur, obgleich Jakow sich sicher war, dass sein Rabe ihn ganz genau verstand. Wahre Freundschaft kommt zuweilen auch ganz ohne Worte aus.

Und so war sich Jakow sicher.

Sollte es bei ihm einmal so weit sein, würde Kolja ihn sicherlich ein ganzes Stück begleiten.

Und das war doch was! „Aber jetzt machen wir das noch nicht, Kolja, oder? Jetzt essen wir erst mal in Ruhe unsere Walderdbeeren, vielleicht mit etwas Rahm oben drauf, und genießen den Tag!"

Kolja plusterte sich auf, legte den Kopf etwas schief und rieb ihn sanft an Jakows Hand.

Kolja, der die Seele des alten Jakow – doch das war viel, viel später - tatsächlich ein Stück begleitet hatte, wollte nun nicht mehr in dem leeren Haus bleiben.
Zudem verstörte es ihn, dass er nicht hatte mithalten können.
Zuerst hatte er genau gewusst wohin er Jakow folgen musste, zack zack war er ihm gefolgt, den pfeifenden Wind als Begleiter. Wunderbar war das gewesen. Doch dann ging es nicht mehr weiter, er hatte Jakow verloren.

Langsam war er zurückgeflogen ohne es eilig zu haben.

Langsam war plötzlich alles in diesem Haus. Langsam und schwer.

Aus leeren Nestern und aus leeren Häusern, fand er, sollte man sich emporschwingen und weit, weit über das Land fliegen. Zu Jakow konnte er ja nun nicht mehr. Niemand war da, für den er hätte bleiben wollen.

13

Eine kleine Weile blieb er noch in der Nähe – nur zur Sicherheit, falls sich Jakows Seele trotz seiner Hilfe verflogen hätte. Doch tief in sich wusste er, dass sich Seelen nicht verfliegen können. Sie wissen genau wo sie hingehören. So schnell wie sie gesaust war.

Daher gab er das Warten auf und tat das, was er am besten konnte und das, was auch Jakow am meisten gefreut hätte.

Kolja wusste mit einem Mal genau was zu tun war. Und so ließ sich Kolja vom Wind tragen. Er flog so weit wie er noch nie zuvor geflogen war, ließ die Rabenfänger hinter sich und fühlte sich mit einem Mal so frei wie man sich überhaupt nur fühlen konnte. Bereits jetzt wusste er, dass es den Weg zurück nicht mehr geben würde.

„Flieg, Kolja!", hörte er in seiner Erinnerung den alten Jakow.

Das tat er! Und wie er flog. Kolja machte kaum Pause, er flog bei Wind und Wetter, kämpfte erfolgreich gegen Trockenheit und Hitze, ja, sogar gegen Schneestürme an.

Ein ganzes Jahr war er unterwegs.

Dann spürte er, dass seine Kräfte nachließen,

und dass die Zeit des Reisens hier vorbei war. Das Waldstück, welches er gerade überflog, sollte seine neue Heimat werden. Kolja drehte eine letzte kleine Runde über der Lichtung, dann ließ er sich auf der neuen Erde nieder.
Es klingt nach einem eher unwahrscheinlichen Zufall, vielleicht war es auch kein Zufall.
Doch landen tat auch er in Lukas´ Wald.

Manchmal denke ich, dass so etwas kein Zufall sein kann. Dann kommt mir in den Sinn, dass auf eine Weise alles miteinander zusammenhängt. Auf eine Art, die wir noch nicht begreifen können. Noch am gleichen Tag fand er Lukas´ Haus. Es war von innen hell erleuchtet und voller Menschen. Kolja durchzuckte so etwas wie Heimweh, als er dieses Haus sah. Hell, warm, und doch nicht seines. Von drinnen drangen Stimmen zu ihm heraus. Kolja be- schloss in der Nähe zu bleiben und einfach einmal abzuwarten. Man konnte ja nie wissen. Und diese vielen Stimmen aus dem Haus klangen freundlich. Das war doch was, fand er. In der Nacht sah er Jakows liebes, altes Gesicht ganz deutlich vor sich.

Sascha und die Baba Jaga

Die Baba Jaga, so nennt man in Russland Hexen, hatte sich auf ihren langen Wanderungen durch Sibirien gründlich verirrt. Ich kann es nicht beweisen, doch glaube ich, dass sie gar keine echte Baba Jaga war sondern nur ein grantiges altes Weib, das zu sehr von sich überzeugt war.

Eine echte Baba Jaga nämlich hätte sich niemals, nicht einmal, und vor allem nicht in Sibirien verirren können. Doch diese Baba Jaga hier konnte noch nicht einmal fliegen, geschweige denn das Wetter behexen, und etwas zu Essen konnte sie sich auch nicht besorgen. Sogar bei den Beeren wäre sie ein paarmal ausgerechnet auf die besonders giftigen hereingefallen, wenn da nicht, wie vom Himmel geschickt ein schnee-weißer Polarfuchs gewesen wäre, der sie schlau durch eine Art Tanz abgelenkt und von dem giftigen Busch weggelockt hätte. Die Alte wusste nicht, dass ihr der Fuchs mit seiner Klugheit das

Leben gerettet hatte. Stattdessen brummte sie vor sich hin: „Genauso blöde wie mein Sascha, genau so blöd!" Sascha war früher einmal ihr Ehemann gewesen. Blöd war auch dieser Sascha nicht gewesen, ganz im Gegenteil. Der einzig grobe Fehler, den er jemals begangen hatte, war es in seiner Jugend auf die Baba Jaga hereingefallen zu sein. Sie war einst nicht gerade unansehnlich gewesen und konnte ganz besonders saftige Krapfen, Hefekringel und Fischaufläufe backen. Doch als sie immer giftiger, boshafter, zänkischer, grimmiger und launischer wurde, da packte der Sascha sein Bündel, ließ der Baba Jaga Haus und Hof und wollte nur noch seine Freiheit und seinen Seelenfrieden zurück. Blöd war also auch dieser Sascha mit Sicherheit nicht gewesen. Die Baba Jaga, deren Kopf von Hass und schlechter Laune jedoch ohnehin ständig vernebelt war, hatte seither kein gutes Haar mehr an ihm gelassen. „Sascha" war für sie nun ein Schimpfwort, und, dumm und undankbar wie sie war, nannte sie jetzt auch den klugen, hilfsbereiten, wunderschönen, weißen Schneefuchs „Sascha".

Damit wollte sie ihn natürlich beleidigen. Doch ihr wisst es besser und kennt ja nun durch meine Erzählung den echten Sascha. Und der war, das kann ich euch versichern, ein wirklich feiner Kerl gewesen. Hatte dem Teufelsbraten sogar Haus und Hof gelassen, und kein böses Wort über sie war je über seine Lippen gekommen. So anständig und klug war dieser Sascha. Und somit konnte die Baba Jaga natürlich auch Sascha, dem Schneefuchs, mit diesem Namen gar nichts anhaben. Sascha, der Fuchs, war Menschen in dieser Gegend nicht gewohnt. Er konnte die alte Frau nicht recht einschätzen, doch war ihm einmal, vor vielen Jahren, ein Mensch zur Hilfe gekommen, als sich seine Vorderpfote in einer Schlingfalle verfangen hatte. Seither war Sascha Menschen gegenüber grundsätzlich positiv gesinnt, was, wie sich noch herausstellen wird, durchaus auch einen recht nachteiligen Effekt haben kann. Zunächst spürte er, dass diese alte Frau ohne seine Hilfe nicht weit kommen würde. Sie wirkte schwächlich, hungrig und müde. Tiere denken da nicht, wie wir Menschen, darüber nach. Vielmehr handeln sie, weil sie es spüren. So lockte er die Baba Jaga mit einem frisch gefangenen kleinen Marder, den er zwischen den Zähnen hielt, hinter sich her. Er kannte nämlich einen Unterschlupf, den früher einmal ein Jäger genutzt hatte. Dort gab es auch einen Feuerplatz, so dass er der alten Frau den Marder überlassen konnte. Sie sah tatsächlich so aus als bräuchte sie weitaus dringender eine Mahlzeit als er. Für Sascha war es nicht schwer sich etwas zu erbeuten. Er war noch jung und sehr klug, zudem außerordentlich ausdauernd. Wie er es sich vorgestellt hatte passierte es auch. Die Baba Jaga folgte ihm gierig, den Blick auf den Marder in seinem Maul gerichtet. Sie stolperte beinahe fünf Kilometer hinter ihm her, bis er sie schließlich sicher zu dem geschützten ehemaligen Jagdverschlag geführt hatte. In dem hölzernen, stabilen Jagdverschlag fanden sich zudem, säuberlich aufgeschichtet, sogar noch genug Brennholz und Geschirr, eine Laterne, eine volle Schachtel mit Streichhölzern, Kerzen, ein Schlafsack und viele Jagddecken, Felle, sowie Überreste von Malzkaffee und Honig in einem fein verschlossenen dicken Glastopf, der in eine Decke eingewickelt war. Daneben stand ein ähnliches Glas mit Resten von eingelegten Rüben. Sogar zwei Tüten mit Salz waren vorhanden und etwas Pfeffer, ein eingemachtes Glas mit Gurken und eines mit Beeren. Nicht viel, aber immerhin. In einer der Kannen würde man Schnee schmelzen können. Sie würde sich Essen und Trinken zubereiten können – und beides auch noch warm.

Ja, also wenn die Baba Jaga jetzt nicht zufrieden war! Offenbar war sie das auch: „Hey, Sascha", nölte sie, „du bist ja irgendwie doch zu was gut."

Sie grinste zufrieden vor sich hin. „Bleib doch ein bisschen hier sitzen, dann kann ich mich an deinem schönen, dichten Pelz wärmen." Sascha verstand zwar nicht was sie mit ihrem fast zahnlosen Mund da brabbelte, doch am Tonfall hörte er, dass er offenbar willkommen war und eingeladen ein wenig mit der Baba Jaga am Feuer zu sitzen. Mit gönnerhafter Geste reichte sie ihm ein kleines Fetzchen des eben gegrillten Marders, über das sich Sascha hermachte.

Es war ein wahrlich langer, kalter Tag gewesen, und er hatte Hunger. „So", mit einem Ruck riss sie ihn jetzt an sich und presste ihn an ihren dürren, knochigen Körper.

„Und jetzt kannst du mich ein bisschen wärmen, schönes Füchslein." Das gefiel Sascha nicht gerade besonders, denn der Griff der Alten war eisern. Jetzt wo sie sich mit Marderfleisch und honigsüßem Malzkaffee gestärkt hatte, waren ihre Kräfte beachtlich.

Da Sascha jedoch außerordentlich gutmütig war und auch immer noch deutlich den freundlichen Menschen von einst, der, der ihn gerettet hatte, im Kopf hatte, wehrte er sich nicht und wärmte mit seinem Körper den knochigen Körper der Baba Jaga. Obwohl sie wirklich sehr mager war, gab sie, das musste Sascha zugeben, auch ein bisschen Wärme ab, und so tat er etwas, das eigentlich ganz und gar nicht typisch für einen wilden, sibirischen Fuchs ist: Er blieb bei ihr.

Sie wurden ein gutes Team. Er bewahrte sie vor Gefahren und schaffte stets das Essen heran. Während sie eifrig Reisig sammelte, das Essen bereitete, Feuer machte, taute mit der Kanne Schnee zu Wasser und wärmte ihn in den eisigen Nächten, so wie er sie wärmte. Er war, wie es Füchsen ja auch nachgesagt wird, sehr schlau, so dass die Baba Jaga und er viele Tage in dem Verschlag hausen konnten, ohne dass einer von ihnen unter Hunger, Durst oder Kälte zu leiden hatte.

„Du schlaues Füchslein", gurrte sie nun oft. „Oh Du listiges, schlaues Füchslein!"

Offenbar war sie mit Sascha recht zufrieden, und Sascha hatte nichts dagegen. Was er nicht wusste war, dass die Alte begann ihn auszunutzen und Pläne zu schmieden wie sie von ihm noch mehr profitieren könnte. Sie konnte den Hals eben, wie immer, einfach nicht voll genug bekommen.

Da er sehr klug war, verwechselte sie das mit verschlagen. Sie wollte ihn zu einem Dieb abrichten, und so in der großen, goldenen Stadt, in die zurückzukehren sie beabsichtigte, reich werden. Hühner und Küken sollte er ihr aus Ställen stehlen, Schmuck, Münzen und schöne Stoffe aus Wohnungen. Ihrer Phantasie waren keine Grenzen gesetzt. Doch die Baba Jaga irrte sich, wenn sie dachte, dass Sascha, nur weil er klug und gutmütig war, zu einem Dieb getaugt hätte.

Seine Klugheit hatte er lediglich eingesetzt, um sich und die Baba Jaga vor dem Hungertod zu bewahren. Sie, die eine böse und durchtriebene Frau war, konnte nicht begreifen, dass es einen Unterschied gab, ob jemand klug und schlau oder einfach nur durchtrieben und abgebrüht war. Da sie selbst eine äußerst durchtriebene und durchaus abgebrühte Person war, sah sie diese Eigenschaft automatisch in jeder anderen Kreatur auf Russlands schöner Erde. Auch das liegt in der Natur des Menschen. Sie sehen das, was sie selbst sind, oft übergroß im Anderen.

Sehen ist dabei nicht das richtige Wort.

Sie sehen es nämlich nicht wirklich. Vielmehr „sehen" sie es in die Menschen oder Kreaturen hinein, die ihnen zu begegnen das Pech oder das Glück haben. Im Fall der Baba Jaga handelte es sich eindeutig um Pech. Sascha hatte kein großes Glück in der Wahl seiner Begleiterin gehabt und durchaus kein großes Geschick in der Auswahl derselben bewiesen. Doch auch das begründet sich auf genau dem gleichen Sachverhalt. Da Sascha gutmütig war, und er zudem bereits schon einmal die rettende Bekanntschaft eines hilfsbereiten Menschen gemacht hatte, sah er die Baba Jaga sehr viel positiver als sie eigentlich war. Selbst als sie ihn hinterrücks in den alten, speckigen Schlafsack steckte, hinter sich herzog und hoffte baldmöglichst mit ihm in die nächste große Stadt zu kommen, wo er als Dieb für sie arbeiten sollte, wehrte er sich nicht. Viele Kilometer schleifte sie ihn quer durch den Schnee. Er hörte sie enorm schwer keuchen und schimpfen, sah nichts und roch nur den feucht- muffigen Geruch, den das Innere des Schlafsackes in sich trug und wusste nicht recht wie ihm geschah, sein Körper wurde mal nach rechts, dann wieder nach links geworfen, je nachdem wo die Baba Jaga entlang lief.

Mit einem Mal ging es nicht mehr weiter.

Er hörte auch keine Geräusche mehr. Sascha tastete sich langsam nach vorn. Die faltige Hand, die den Schlafsack zugehalten hatte, so dass er nicht entkommen konnte, lag nun, wie die gesamte Baba Jaga, mit dem Gesicht nach vorn steif und wortlos im Schnee. Vorsichtig beschnupperte Sascha sie. Sie gab keinen Laut von sich und bewegte sich nicht. Er wusste nicht was er tun sollte. Natürlich war er ein kluges Tier, doch auch bei klugen Tieren kommt es vor, dass sie nicht mehr weiterwissen. So war es bei Sascha in diesem Augenblick. Die Baba Jaga lag dort, mitten im Schnee, die Sonne im Nacken, denn noch war es taghell. Ein feiner, pudriger Schneestaub legte sich auf die Welt, doch der Himmel war so blau wie es nur ein Himmel in Sibirien sein konnte. Sascha schmiegte sich mit seinem Körper um ihren Kopf, wohl um sie zu wärmen. So blieb er eine Weile dort bei ihr, sein prachtvoller Pelz hob sich für das Auge kaum vom Schnee ab, und doch war er um einiges wärmer. Als sie sich jedoch selbst dann immer noch nicht bewegte, und der Schnee sie und den alten Schlafsack immer mehr unter sich begrub, als es kälter, dunkler, unwirtlicher und immer beißender wurde, erhob sich Sascha und lief mit seinen schmalen Beinen und seinem schönen weißen Pelz direkt in seinen Fuchsbau. Ein, zwei magere Mäuse konnte er sich noch zum Abendessen fangen, dann jedoch zog er sich zurück. Die Nacht, welche er seit längerer Zeit erstmals wieder völlig allein verbrachte, erschien ihm ein klein wenig kälter zu sein als sonst, doch das machte ihm nichts aus. In seinem Fuchsbau war es warm genug. Am nächsten Morgen lief er unverzüglich genau zu der Stelle zurück, an der er die Baba Jaga zurückgelassen hatte. Sie lag noch immer dort, doch konnte man sie nun kaum noch mit bloßem Auge sehen. Der Schnee hatte sie nun beinahe vollkommen unter sich begraben. Beinahe. Ganz war er noch nicht mit seinem Wehen fertig, der Schnee. Doch weit war er gekommen. Der Wind half ihm dabei. Lediglich ein Teil ihres Haares lugte noch unter Mütze und Schnee hervor, das war alles. Sascha saß noch eine Weile bei ihr und passte auf sie auf. Dort habe ich ihn gefunden. Es war ein solch einprägsames, berührendes Bild. Wie er dort saß, die beiden Vorderpfoten fein ordentlich nebeneinander in den kalten Schnee gestellt.

Dieser unendlich treue Fuchs Sascha, der die alte, erfrorene Frau bewachte, obwohl diese nicht gerade nett gewesen war. Die Sonne schien besonders hell an diesem Tag, und das Glitzern des Schnees ließ alles für einen Augenblick noch unwirklicher erscheinen als es ohnehin war. Unvermittelt nahm ich ein Weiblein wahr, das aus dem Nichts gekommen zu sein schien. Ich blinzelte, und als ich die Augen wieder öffnete war es verschwunden. Nur das hübsche Schnee- Füchslein und die tote Frau im Schnee waren übrig geblieben, die Kälte und die Sonne dazu. Ihre Strahlen erzeugten kleine Irrlichter und wieder glaubte ich zu träumen. Erneut sah ich aus dem Nichts dieses kleine Weiblein ruhig vor mir stehen. Wieder verschwand es, nachdem ich geblinzelt hatte. Doch ihre Fußspuren waren noch sehr deutlich im Schnee zu erkennen, was mich schließlich vollends verwirrte. Das Weiblein war mir sofort ziemlich bekannt vorgekommen. Ich hatte es irgendwo schon einmal gesehen, in einem Buch vielleicht – oder doch zumindest schon von ihm gehört. Und so dachte ich für einen winzigen Moment, es sei mir hier nun gerade tatsächlich ganz höchstpersönlich erschienen: *Das Russenweiblein Olga*, welches ich bisher für eine reine Legende gehalten hatte. Der alten Erzählung nach hatte das Russenweiblein Olga alle dadurch versöhnt, indem es sagte, dass die Sonne gleichermaßen auf jeden schiene. Es war wirklich nicht so leicht sie zu beschreiben. Klein war sie wohl. Das fiel sofort auf, und um die Beine hatte sie eine Art Verband gewickelt, doch denke ich, dass das wegen der Kälte war. Eine Art selbstgemachte Strumpfhose, über der sie

31

einen hellen Rock trug. Ihr Gesicht war alterslos, das heißt, man wusste wohl, dass sie alt sein musste, vom Gefühl her, dennoch wirkte sie jung, war gänzlich ohne Falten mit rosigen Wangen in einem sehr runden, ausgesprochen freundlichen Gesicht, welches sanft von weißen Haaren eingerahmt war. Nochmals betonte sie das mit der Sonne. Es aus ihrem Mund zu hören war nochmal ganz anders. Es traf mich, auf eine gute Weise, mitten ins Herz. Sie sah es mir wohl an, war aber zu taktvoll, um näher darauf einzugehen. Vielmehr lächelte sie mich einfach recht aufmunternd an. Dann verabschiedete sich das Russenweiblein Olga höflich und war schnell verschwunden. Bereits damals, und ich war noch sehr jung, war mir das sehr weise erschienen. Jetzt, da ich etwas älter bin, sogar noch mehr. „Lauf in den Wald, mein Füchslein", ermunterte ich Sascha. Dieser ließ sich nicht lange bitten. Er steckte seine kleine Schnauze in die Luft, wohl um eine ganz genaue Witterung aufzunehmen, streifte beim Vorbeigehen beinahe liebevoll mein Bein, verhoffte, sah sich noch ein letztes Mal nach mir und der Frau im Schnee um, dann verschwand er elegant mit wenigen Sätzen hinter einem Dickicht. Ich blieb ein wenig ratlos zurück und bemühte mich zunächst darum meinen wirren Kopf zu ordnen. Der eisige, sibirische Winter kann den eigenen Gedanken tatsächlich den einen oder anderen Streich spielen. Man kann sich das vom warmen Lesesessel aus gar nicht so richtig vorstellen. Da sausen irre, klirrende Schneegeister um einen herum, weiße Baumriesen verstellen einem den Weg und aus dem Schnee erheben sich zuweilen Gestalten, die man noch nie zuvor gesehen hat. Manche von ihnen vielleicht ein wenig erschreckend, fremd und unwirklich andere wiederum wunderschön. Oft konnte man sich nicht darauf verlassen ob das, was man sah, nur ein Trugbild war. Doch das mit der Baba Jaga ist wahr. Das hier, das war, trotz aller sonstiger Zweifel, real. Hier lag jemand dessen Tod unbedingt gemeldet werden musste, und das möglichst bald. Ich trank den letzten Schluck heißen Kräutertees aus meiner Thermoskanne und bewegte meine Füße in den schweren, klobigen Schuhen ein wenig um sie warm zu halten. Durch die mächtige, beinahe zornige, überwältigende Kälte konnte ich sie kaum noch spüren. Ich wartete noch ein bisschen, bis das Blut wieder in ihnen war, und ich mir sicher sein konnte wieder gut laufen zu können. Dann machte ich mich auf den Weg in die Stadt. Ich musste immerhin den Tod der Baba Jaga melden, wobei ich mir unsicherer war denn je, ob das eine wahre Baba Jaga sein konnte. Je mehr ich so darüber nachdachte, umso un- wahrscheinlicher erschien es mir nämlich. Niemals wäre dies einer echten, wahren Baba Jaga zugestoßen. Sie erfrieren nicht im Schnee, sie fallen nicht vor Erschöpfung tot um, sie verirren sich auch nicht im Wald.

Selbst, und vor allem nicht, in Sibirien.

Unmöglich! Da war ich mir sicher. Und während ich mir noch überlegte was die alte Baba Jaga nun gekonnt oder nicht gekonnt hatte, wer sie gewesen war oder nicht:

Eines hatte sie jeder echten Hexe, jeder echten Baba Jaga voraus.

Sie hatte in ihrem langen Leben nämlich das große, vielleicht unverdiente Glück gehabt am Ende ihres Lebens ausgerechnet noch den wundervollen Sascha kennengelernt zu haben. Freundlich war sie nie gewesen.

Und doch war Sascha bei ihr.

Einen klügeren und lieberen Schneefuchs sucht man in ganz Sibirien vergebens. Wer weiß.

Vielleicht war es ein unverdientes Glück.

Möglicherweise aber auch ein Geschenk.

Liebling

In Russland, weit von der großen Stadt Moskau entfernt, gab es einen Bauernhof, zu dem, wie bei jedem Hof zu dieser Zeit, ein Wachhund gehörte.

Hunde hatten damals keine Namen, d.h. vermutlich hatten sie schon welche, doch das wusste niemand, und es interessierte auch die wenigsten.

Sie wurden Hund genannt oder, im besten Fall, „Wächter", denn das war ja ihre Aufgabe: Den Hof bewachen.
Er lebte auch nicht im Haus bei der Familie, sondern in einer kleinen Hundehütte, die vor dem Haupthaus des Hofes stand.
Nicht nur in Russland, sondern, besonders zu diesen Zeiten, fast überall auf der Welt.
Es gab noch etwas, das es zu dieser Zeit leider sehr oft gab- und noch immer gibt: Kinder, die oft geschlagen wurden (und, ich finde kaum Worte dafür, bis heute geschlagen werden).
In jeder Zeit auf dieser Welt hat es solche Schicksale gegeben, hatte es sich leichter oder

schwerer gestaltet. Manches ist heute sicherlich leichter als früher; anderes dann auch wieder nicht, und vieles hat sich leider bis heute nicht geändert.

In Russland, eben in jener Hundehütte, fand sich bei dem Hund „Wächter" ein kleiner, schmaler, etwa achtjähriger Junge, namens Aljosha. Es war der einzige Platz, an dem er sich sicher fühlte.

Aljosha wusste, dass Wächter ihm nie etwas tun würde. Es beruhigte ihn, bei ihm in der Hütte zu sitzen und sich ganz dicht an sein Fell zu pressen.

Er liebte es Wächters Atmen durch das leichte Heben und Senken seiner warmen Flanke wahrzunehmen. Manchmal saß Wächter draußen, vor seiner Hütte, und Aljoscha drinnen.

Dann hatte er mehr Platz und war trotzdem in Sicherheit. Wächter hätte niemanden zu Aljosha vordringen lassen.

Doch wenn Wächter bei ihm n der Hütte war, gefiel es ihm auch. Es war dann zwar manchmal ein wenig eng, doch das machte nichts. Wächter war sein Freund, und mit Freunden rückt man gern ein wenig zusammen.

Zudem fühlte er sich bei ihm so sicher wie man es nur sein konnte. Aljoshas Vater, Vadim, war es, vor dem sich der Junge versteckte. So lange er sich erinnern konnte war er stets zu Wächter gelaufen, der ihn geschützt hatte. Nur in manchen Nächten hatte er in seinem eigenen Bett geschlafen, wobei er in diesen Nächten ohne Wächter kaum ein Auge zu bekommen hatte.

Manchmal ging er in das Haupthaus um sich zu waschen oder um etwas Essbares zu besorgen.

Sein älterer Bruder Viktor und seine Schwester Irina brachten ihnen beiden heimlich, und wann immer sie nur konnten, Vorräte vorbei. Sie mussten dabei besonders vorsichtig sein, da sie den Zorn und den Stock des Vaters fürchteten.

Weitere, ältere Geschwister hatten den Hof längst verlassen. Hier war kein Ort an dem man bleiben wollte.

Im Herbst packte er das Häuschen mit allerlei Schichten aus Hölzern ein um es etwas wärmer zu machen. Im Winter trug er viele Schichten von Kleidung übereinander. Die Hütte war dann mit alten, schon ziemlich stockigen Daunendecken ausgekleidet. Er wärmte sich stets an Wächter. Dennoch glaubte er manche der besonders kalten Nächte nicht zu überleben. Wie durch ein Wunder gelang es jedoch, so dass es immer wieder einen neuen Morgen für ihn und Wächter gab. Aljosha fror lieber als dass er es gewagt hätte länger im Haupthaus zu bleiben als er musste.

Zu seiner Erleichterung schienen seine Eltern ihn ab und an geradezu vergessen zu haben.

Sonntags allerdings musste er mit ihnen zur Kirche fahren. Er setzte sich ganz hinten auf die Kutsche, weit weg von seinem Vater Vadim, der die Peitsche auf die geschundenen Rücken der armen, dürren Zugpferde knallen ließ.

Manchmal brachte Aljosha eine kleine Wärmelampe und Holzwolle mit zur Hundehütte, doch musste er immer sehr aufpassen, damit kein Feuer ausbrach. Es war ein Überlebenskampf.

Trotz dieser schwierigen Bedingungen aber war Aljosha zufrieden. Er hatte Wächter.

Das war mehr als es viele andere Kinder von sich behaupten konnten.

Als der Frühling kam, und sie die Daunendecke

verstauen konnten, gab es endlich wieder mehr Luft und mehr Platz in der Hätte. Aljosha war erleichtert. Wie jeden Tag legte er beide Arme um den warmen Hals von Wächter und legte seinen Kopf daran um sich ein wenig sicherer zu fühlen. Das half. Meistens jedenfalls. Allerdings gab es auch zaghafte Blicke in die Zukunft. Im vergangenen Winter war er ein großes Stück gewachsen. Normalerweise bedeutete so etwas ja zumeist etwas Gutes. In Aljoshas Fall konnte man das allerdings nicht so eindeutig sagen.

So langsam begann sich Aljosha wirklich Sorgen zu machen.

Er würde eben nun einmal ohne Zweifel jeden Tag ein bisschen älter und größer. Bald würde er weder in der Hundehütte Platz haben, noch wäre er zugleich groß genug, um weggehen zu können.

Während der Tage, an denen Aljoshas Vater besonders laut randalierte, und sogar der sonst immer so ruhige Wächter vor lauter Nervosität ein wenig zu knurren begann, wuchs in Aljosha die Verzweiflung.

Er hatte das Gefühl, dass sich etwas Schlimmes

über ihm zusammenbrauen würde.

Etwas, das ihn zerstören würde, wenn er keinen Platz mehr in Wächters Hütte, und damit keinen Schutz mehr hätte.

Eines Tages dann, Aljosha hatte sich in der Hütte so klein wie möglich gemacht, stand mit einem Mal sein tobender Vater mit einem Stock vor der Hütte und brüllte seinen Namen.

Er hatte wieder einmal einen seinen furchtbaren Anfälle, deren Ursache niemand kannte.

Manchmal vermutete Aljosha, dass es vom Trinken kommen konnte, doch sicher war er sich nicht. Er klammerte sich am Holz der Hütte fest, zog sich einen Splitter in die Hand und bemerkte es vor lauter Angst nicht einmal.

Wächter bellte laut und fletschte die Zähne. Aljosha schossen die Tränen in die Augen, als er sah, dass sein Vater nun versuchte mit dem Stock nach Wächter zu schlagen. Dieser wich den Hieben trotz der schweren Hundekette, die um seinen Hals lag, aus. Er knurrte und duckte sich zum Angriff- dann biss er Aljoshas tobenden Vater in den Arm. Noch lauter lamentierend, lief dieser in Richtung Haus und kam mit einem

Gewehr zurück. Aljosha löste mit zitternden Händen die Hundekette von Wächters Hals.

„Lauf weg, Wächter!", bettelte er ihn weinend und mit klappernden Zähnen an. Er wusste nämlich genau, dass sein Vater Wächter sonst erschießen würde, Doch Wächter blieb bei ich. Da löste sich ein Schuss, das Geräusch war Ohren betäubend.

Aljosha hielt sich die Ohren zu und weinte lautlos. Mit einem Mal fühlte er Wächters Nase an seinem Gesicht. Wächter lebte! Doch sein Vater lag reglos im Hof. Offenbar hatte sich der Schuss frühzeitig gelöst und ihn nun selbst getroffen. Mit leeren Augen lag er auf dem Rücken mit einem Blick, der nichts mehr sah, mit einem Mund, der nicht mehr tobte. Es war ruhig geworden.

Noch immer weinend, lief Aljosha ins Haus um Hilfe zu holen doch war da niemand. Es waren wohl alle auf dem Feld oder im Wald, um Holz zu holen.

Ohnehin wäre jede Hilfe bei Vadim zu spät gekommen. Die toten Augen sahen den Himmel über ihm noch immer nicht- und würden ihn auch nie wieder sehen. Nicht mal von innen. Da war sich der Junge sicher. So packte sich Aljosha also hastig einen Rucksack mit Broten und Kleidern, Futter für Wächter und zog mit ihm von zuhause fort.

Wächter war der erste Hund Russlands, der etwas von der Welt zu sehen bekam, und auch der erste, der einen richtigen Namen bekam, nämlich: „Liebling- Moi Ljubimjez!"

Auf kyrillisch, wie man in Russland schreibt, sieht das auf dem Papier etwas anders aus, aber das macht ja nichts.

Vor allem hatten weder Aljosha noch sein treuer Freund jemals ein Blatt Papier beschrieben oder gelesen. Manchmal ist das nicht wichtig. Häufig natürlich schon, doch bei den beiden galten andere Dinge. „Liebling". So nannte ihn Aljosha nun. Auf Russisch ist das schwer auszusprechen, aber es klang ebenso schön wie ein solches Wort in jeder Sprache dieser Welt klingt.

Sie zogen durch Wälder und Felder. In Dörfern schenkte man ihnen zu essen, ab und an half Aljosha ein wenig auf den unterschiedlichen Höfen aus. Er wirkte nun älter als er war.

Das Wandern und Umherziehen mit „Liebling" hatte ihn gekräftigt. Noch immer war dieser auch ein Wächter, aber auf eine vollkommen neue Art.

Manchmal noch, wenn sie abends zur Ruhe kamen und beieinander unter dem großen, weiten Himmel saßen bevor sie einschliefen, dachten sie beide an die Zeit in der Hundehütte zurück.

Immer wenn sie das taten, wurde ihnen erst so richtig bewusst wie frei sie nun waren.

Aljoscha und Katya

Aljoscha und Katya waren ein Paar wie man es selten je gesehen hat. Aljoscha liebte Katya so wie es nur ganz wenige vermochten. Nicht weil Katya diese Liebe nicht verdient hätte. Das meine ich nicht. Jeder Mensch hat Liebe verdient, obwohl das möglicherweise nicht das richtige Wort ist. Doch die wenigsten Menschen sind leider nicht imstande ihresgleichen wirklich und von Herzen zu lieben.

Bei Aljoscha und Katya war das anders. Er tat alles dafür, dass ihr kein Ast vor den Kopf, kein Stein vor den Schuh geriet.

Er passte auf sie auf wo er konnte, deckte sie in den kalten Nächten zu und dankte dem Leben an jedem einzelnen Tag dafür, dass es ihm Katya beschert hatte. Umgekehrt war es ebenso.

Nichts hätte Katya auf ihren Aljoscha kommen lassen, allein nur der Gedanke an ihn weckte in ihr den Wunsch am Leben zu sein.

Er schenkte ihr Blumen, die sie ans Fenster stellte. Bei niemandem hielten sie sich so gut wie bei ihr.

Sie liebten und brauchten einander, und auch noch nach Jahren konnten sie die Augen nicht voneinander lassen.

Es sah so aus, als wäre ihr Glück eines derer, die auf Dauer bestünden. Leider war das nicht so.

Etwas ganz und gar Unerklärliches passierte in einer der kältesten Nächte, die das Jahr 1893 für St. Petersburg bereit gehalten hatte.

Da der Kamin mit einem Mal nicht mehr brannte, sah Aljoscha nach. Eine halbe Stunde etwa verbrachte er draußen, balancierte auf dem Dach, duckte sich unter dem heulenden Wind und befreite den Kamin schließlich von einem Ast, welcher durch den vielen Schnee gebrochen war, bis alles wieder seine Ordnung hatte. Noch nie war ihm so kalt gewesen.

Bis spät in die Nacht beheizte Katya den Ofen und rieb Aljoscha die kalten Hände warm, damit er die Kälte schnell wieder vergäße. Sie gab sich große Mühe. Doch am nächsten Morgen war Aljoscha trotzdem verändert. Die Ordnung war aus dem Gleichgewicht geraten.

Alle Liebe war mit einem Mal von ihm gewichen. Er konnte Katya nicht mehr mit den Augen der Liebe betrachten. Vielmehr erschien sie ihm mit einem Mal eine böse, niederträchtige Frau zu sein.

Auch gefiel ihm ihr Aussehen nicht mehr. War sie nicht eindeutig zu klein, ihr Haar zu dunkel?

Katya erschrak wie sie noch nie erschrocken war als sie die plötzliche Kälte in seinem Blick las, das Erstarrt-Sein seiner Gesichtszüge wahrnahm, in denen, als einziger Ausdruck, nur ein leicht verächtlicher Zug um den Mund geblieben war. Selbst seine Haut wirkte kühl und blass. Katya bereitete ihm heiße Getränke und Mahlzeiten zu, brachte ihm Decken und heiße Wickel.

Doch stieß Aljoscha alles von sich, so wie er auch Katya von sich stieß. Mit jedem traurigen Wintertag, der verging, wurde er kälter und kälter, und nur noch Kälte vermochte er zu ertragen. Wenn Katya ihn wie früher umarmen wollte, schmerzte ihn die Wärme ihrer Handfläche so sehr, dass er sie so heftig von sich stieß bis sie zu Boden fiel. Katya dachte an ein Märchen, welches sie vor langer Zeit gelesen hatte, und in dem es um einen Eisstachel ging, den man in einem solchen Fall aus dem Rücken des Betroffenen ziehen müsse. Doch da war kein Stachel. Zudem hätte Aljoscha nicht erlaubt, dass Katya sich ihm so sehr näherte. Bereits wenn sie einen Meter vor ihm stand konnte er die Wärme, die von ihr ausging nicht ertragen. So sehr sich Katya auch bemühte: Eine Lösung fiel ihr nicht ein. In einer eisigen Dezembernacht verschwand Aljoscha dann für immer. Es heißt, dass Väterchen Frost einen Gehilfen gebraucht hätte. Katya, die allein zurückgeblieben war, rief oft nach ihm. Doch nichts als Eisblumen erschienen an dem Fenster, durch das er in der längsten Nacht des Jahres gestiegen war. Wundervoll war ihre Zeichnung. Wie Abbilder der Blumen, die Aljoscha ihr in früheren Zeiten geschenkt hatte. Katya legte ihre warmen Hände zart auf sie.

Milo, der traurige Kater

Milo aus der schönen Stadt St. Petersburg war ein ziemlich trauriger Kater. Jedenfalls in letzter Zeit.

Ein bisschen sah er dabei so aus wie eine Flickenpuppe, die ausgerechnet jemand hastig zusammengenäht hatte, der nicht gerade viel davon verstand.

Ein Flickenkater, um genau zu sein. Zwischen seinem dunklen Fell sah man kahle Stellen, was sich niemand so richtig erklären konnte, und es schien so als gäbe es dort, an den Übergängen hin zu den Fellstücken, nur notdürftige, grob gehaltene Stiche, was seinem Aussehen etwas Unheimliches gab- gesund *war* er jedoch.

Darunter hatten gleich zwei Veterinäre ihre beeindruckenden Stempel gesetzt- auf einem war sogar der berühmte schlangenumwundene Asklepios-Stab zu sehen.

Zweifel waren also nicht möglich. Milo war nach einfach allen Regeln der Kunst gründlich und geduldig untersucht worden. Daran gab es nun einmal nichts zu rütteln.

Der wahre Grund für seinen Fellverlust war seine Traurigkeit. Bei jedem traurigen Gedanken verlor er ein Haar, und an manchen, besonders schlimmen Tagen konnte das am Abend ein ganzes Bündel bedeuten. „Das Glück hält nicht für immer an", dachte sich Milo oft. Es hatte einmal Zeiten gegeben, in denen kaum ein Kater es mit Milo und dessen glänzendem Fell hatte aufnehmen können. Damals lebte er bei einer Frau, die mit einem Mal nach Indien gezogen war, um sich dort zu finden.

Milo wusste nicht wie das ist- sich zu finden. Bedeutete es, dass man sich zuvor verloren haben musste? Er schleckte sich die Pfötchen und dachte nach. Allerdings nicht gleichzeitig, weil Katzen das, was sie machen, immer hintereinander tun- niemals jedoch gleichzeitig.
Trotzdem kam Milo zu keinem Ergebnis.
Er trottete ein wenig herum, besah sich sein Spiegelbild im Teich und freute sich darüber. Ob sie das damit meint sich zu finden?" Nein, das konnte es nicht sein. Im Haus gab es viele Flächen, in denen man sich spiegelte. Es musste sich also anders verhalten. Warum wusste sie

denn nicht wer und wo sie war? Milo wusste immer ganz genau wo sie sich gerade aufhielt. Wenn sie im Bett lag, kuschelte er sich neben sie und achtete auf ihren ruhigen Atem. Wenn sie im Bad stand und sich die Zähne putzte, drückte er seinen Körper gegen ihre nackten Beine und schnurrte. Wenn sie auf dem Balkon saß und ein Buch las, lag er auf dem Stuhl neben ihr und beobachtete die Vögel im Baum gegenüber. Milo war immer da. Er war auch dabei, als sie ihre Koffer packte. Dreimal versuchte er sich unter den schön geordneten Wäschehaufen zu verstecken, doch er wurde jedes Mal gefunden. Auch am Abreisetag war es nicht anders.

Entschlossen hatten ihn zwei Hände gepackt, unter der Wäsche hervorgezogen und ihn auf den Boden gesetzt.

Dann wurde der Koffer geschlossen und mit einem bunten Kofferband versehen. Die Hände gehörten Herrn Schoffel, dem Nachbarn. „Hiergeblieben, Streuner!", raunzte er Milo an. Milo war einigermaßen beleidigt. Was fiel Herrn Schoffel ein! Er war kein Streuner! Was er aber war: Er war mächtig durcheinander.

51

Was passierte hier gerade? „Das Taxi wartet schon!" Herr Schoffel klang nervös.

Milo wurde nochmal hochgenommen, diesmal von der Hausherrin oder von der, die gerade dabei war eben keine Hausherrin mehr zu sein. „Du passt gut auf Milo auf?" Milo hörte ein zustimmendes Murmeln, spürte noch das letzte Kraulen hinter seinen Ohren, dort wo er es am liebsten hatte, dann wechselte er ungefragt wieder auf den Arm von Herrn Schoffel und wurde zu dessen Wohnung getragen, während sich ein Taxifahrer um Gepäck und alles andere kümmerte.

Herr Schoffel rief noch etwas aus dem Fenster, den Rest des Tages kümmerte er sich nicht mehr um Milo. In dieser Wohnung sah alles anders aus, und es roch fremd. Auf dem Dielenboden fand er Katzenfutter vor, rührte es aber nicht an. Er kauerte teilnahmslos auf dem Boden und versuchte zu verstehen was da heute passiert war. Ob es ihm wenigstens gelingen würde wieder in seine alte Wohnung zu gelangen? Selbst wenn jetzt außer ihm dort niemand mehr wohnte, so war es doch schließlich sein früheres

Zuhause. Er wusste wo alles war und wie alles roch. Er vermisste die weichen Kissen und den Sessel, an dem er seine Krallen schärfte. Bei Herrn Schoffel gab es keine solchen Sessel – und selbst wenn, das spürte Milo, wäre es sicherlich nicht gern gesehen.

„Das Glück hält nicht für immer an", dachte sich Milo.

Als Herr Schoffel die Wohnung gegen Abend verließ, drückte sich Milo in der Nähe der Tür herum und wartete auf seine Chance. Herr Schoffel achtete nicht auf ihn. Er öffnete die Tür zu Milos altem Zuhause, holte die Gießkanne vom Balkon, füllte sie umständlich im Badezimmer mit Wasser auf, schlurfte wieder hinaus, um die Pflanzen zu gießen und all das unter Milos wachsamem Blick. Er glaubte sich gänzlich unbeobachtet, doch Herr Schoffel hatte seine Augen überall. Plötzlich griffen also wieder diese dicken Hände nach ihm, nahmen ihn hoch und trugen ihn ungefragt wieder mit zurück in die Nachbarswohnung. Milo war empört aber zu höflich, um Herrn Schoffel zu kratzen. Dieser setzte ihn in der Diele vor den Futterschälchen ab und – zu Milos Empörung stupste er ihn mit der Nase ein wenig hinein. Jetzt stand sein Entschluss felsenfest: Er würde von hier verschwinden. Die Nacht verbrachte er seitlich auf dem Dielenboden liegend; das Futter mochte er noch immer nicht anrühren. Morgens klingelte das Telefon. Jemand erzählte Herrn Schoffel, Milo konnte es genau verstehen, dass er gut gelandet sei. Jemand. Milo wusste, wer dieser Jemand war, aber es interessierte ihn nicht mehr. Er wollte fort. In der Küche gurgelte der Kaffee durch Herrn Schoffels Maschine. Er öffnete die Tür, tappte mit Bademantel das Treppenhaus hinunter um sich die Zeitung zu holen – unbemerkt von Milo verfolgt, der ihm diesmal in der Planung voraus war. Er musste nur noch hinter der Kellertreppe darauf warten, dass sich die große Haustür öffnete, und dann würden ihn keine dicken Männerhände mehr greifen. Zwischen Milo und der Freiheit gab es nur noch diese Tür- und die würde sich bald öffnen, da viele Menschen in diesem Haus wohnten. Ja, er würde zu einem Streuner werden. Gestern hatte er dieses Wort noch beleidigend gefunden, doch jetzt sah es anders aus. Das Wort roch nun nach Freiheit, nach Abendwind und nach so wunderbar selbstgefangenen Mäusen.

Schon humpelte die alte Frau Zuckermann mit einem kleinen Müllsack zur Haustür, öffnete umständlich, blieb kurz stehen, weil die Tür schwer und die alte Frau Zuckermann schwach war, und schwupps war Milo durch die Tür hindurch und auf und davon in die Freiheit. Alles roch anders. Besser als bei Herrn Schoffel.

Milo war überwältigt von all den Eindrücken. Alles war so neu, so vollkommen ungewohnt.

Er war ebenso überwältigt wie die Frau, die ihn verlassen hatte, und die nun staunend durch Indien lief, wo sie sich all den dortigen Eindrücken ebenfalls nicht entziehen konnte.

Doch das war weit weg, und Milo war mit sich selbst beschäftigt.

Viele Tage war er allein unterwegs, und da es Sommer war gab es nichts, das ihn hätte stören können. An den Tagen versteckte er sich im Schatten der Bäume vor der Mittagssonne, legte sich auf kleine Mauern, um die Abendsonne zu genießen, lauschte dem nächtlichen Geschrei der anderen Streuner und erwies sich als besonders geschickt darin in der Nähe eines kleinen Stadtflusses, der sich gegenüber einer alten Mühle befand, genügend Mäuse zu jagen, um nicht hungern zu müssen. Es war niemals ruhig. Auch nachts waren Geräusche zu vernehmen, und ob es nun gerade Mond, Sonne oder Sterne waren, die da auf ihn herabsahen- Milo fühlte sich immer wohl. Er putzte sich sein Fell ganz besonders sorgfältig, denn da er ja ein Streuner war, so dachte er sich, musste er ja nicht unbedingt wie einer aussehen. Ihm allein wäre das egal gewesen. Aber da gab es etwas. Etwas, für das er gerne ein wenig auf sich achtete. Und das zahlte sich wirklich aus: Einige der Menschen, denen er ab und zu begegnete, näherten sich ihm, lockten ihn mit verstellten, hohen Stimmen an, machten sich ein wenig kleiner, um Milo lange und ganz ausführlich streicheln zu können. Das genoss er sehr, und an manchen Tagen, wenn er so gestreichelt wurde, erwachte eine Sehnsucht in ihm nach der Frau, die ihn verlassen hatte, und die jetzt durch

Indien streifte. Vielleicht war dies der Grund warum sich Milo an einem der Herbsttage von einer der Frauen mitnehmen ließ, die ihn da streichelten. Es konnte mit dieser Sehnsucht zusammenhängen, aber natürlich auch mit dem Wetter, welches mit dem zunehmenden, kalten Dauerregen nicht mehr ganz so ein-ladend war. Zwar liebte Milo das Geräusch des Regens, er mochte seinen Geruch und die Wildheit, die in ihm wohnte, doch gleichzeitig dachte er an die weichen Kissen der Frau, die nun in der Ferne schlief. So kam es, dass Milo zu einer anderen Frau mitgenommen wurde. Auch sie hatte Kissen. Es roch besser bei ihr als bei Herrn Schoffel, und niemand stupste ihn mit der Nase in ein Futterschälchen. Er wurde hingegen täglich gebürstet und lang gestreichelt. Kurz und gut: Hier ließ es sich aushalten.

Sie erzählte ihm sogar, dass sie Monika hieß- und, gerade so als wüsste sie es, nannte sie ihn Milo. Monika fand nämlich, dass er wie ein Milo aussah. „Mein Liebster", nannte sie ihn auch. Das bedeutete Milo nämlich in einer anderen Sprache. Persönlich ging das Milo etwas zu schnell, aber er war ein höflicher Kater. Das M und das o in ihren beiden Namen betonte Monika genau gleich, so wie um eine Gemeinsamkeit zwischen ihnen zu schaffen. Da musste Milo plötzlich an die erste Frau denken. Die Frau, von der er den Namen nicht wusste. War sie deshalb fortgegangen? Weil sie nicht sich, sondern vielmehr ihren Namen suchte? Es war merkwürdig, aber er kannte ihren Namen tatsächlich nicht. Und dabei kannte er all die Namen der früheren Hausbewohner.

Bei Herrn Schoffel angefangen bis hin zur alten Frau Zuckermann. Doch das war nur ein kurzer Gedanke, denn Monika zog bald wieder seine gesamte Aufmerksamkeit auf sich.

Eines Tages jedoch, es hatte bereits geschneit, saß Monika weinend neben ihrem Telefon, und Milo begann zu befürchten, dass der Anruf mit ihm zu tun haben könnte, da sie ständig zu ihm herüber sah. Irgendetwas stimmte nicht. Eine Katze spürt so etwas ganz genau; eine Katze wie Milo erst recht. „Ich darf dich nicht behalten, Milo", schluchzte sie, und ihr Gesicht begann rot auszusehen, die Augen wurden vom Weinen rot, und sie hörte gar nicht mehr auf zu weinen. Milos Fell war an manchen Stellen schon ganz nass. „Das hier war mein Vermieter!" Sie deutete auf den Hörer. Milo fragte sich, ob der Vermieter so eine Art Herr Schoffel war und schmiegte sich besonders fest an Monikas Hand, um sie ein wenig zu trösten. Sich selbst natürlich auch. „Das Glück hält nicht für immer an", dachte sich Milo.

Schon am nächsten Tag brachte die Tränen überströmte Monika Milo in seinem tragbaren Katzenkörbchen zum Tierheim. „Ich suche uns eine andere Wohnung, versprochen!", flüsterte sie ihm noch zu, und Milo blieb nichts anderes übrig als das erst einmal zu glauben. Nur die Hoffnung darauf half ihm durch die Zeit im Tierheim. Es war nicht so, dass man nicht freundlich zu ihm gewesen wäre, und immer noch schmeckte ihm das Essen. Immer noch pflegte er auch sein Fell ganz besonders gut, doch Zeit fand in diesem Heim niemand für ihn. Man bemerkte nicht einmal, dass eine Suchanzeige von ihm am Eingang hing. Von Herrn Schoffel persönlich aufgegeben. Im Tierheim war einfach zu viel los. Monika fehlte ihm, der Sommer in Freiheit ebenfalls, und, ja, selbst die Frau ohne Namen vermisste er. Milo beschloss wieder einmal auszureißen.

Er wollte nachsehen, ob die Frau ohne Namen aus seinem früheren Zuhause mittlerweile aus Indien zurückgekehrt war.

Die erste Fütterungszeit in den frühen Morgenstunden eignete sich hierfür besonders gut.

Alle waren beschäftigt. Milo blickte nur einmal kurz nach rechts, dann nach links und sauste unbemerkt über das mit einer leichten Schneedecke bestäubte Feld.

Die Spuren, die er hinterließ, waren bald nicht mehr zu sehen- und selbst wenn... Niemand hätte die Zeit gefunden ihn zu suchen. Seinem inneren Kompass folgend, strebte Milo nun auf sein früheres Zuhause zu. Trotz des leichten Schneegestöbers fiel es ihm nicht schwer die Spur zu verfolgen, die ihn automatisch zu dem Haus führte, vor dessen Eingangstür er sich platzierte, um darauf zu warten, dass ihm die alte Frau Zuckermann öffnen möge. Wenn es schneit, besonders bei dem ersten Schnee vor

Weihnachten, erfüllen sich manchmal die kleinen Wünsche, die das Leben ein wenig einfacher machen, und so war es tatsächlich die alte Dame, die mit einem Besen vor das Haus getreten war. Der Briefträger kam- wie verabredet hätte man denken können. Er besprach nämlich etwas mit Frau Zuckermann. Diese lachte und nickte. Er drückte ihr Briefe und ein Päckchen in die freie Hand und ermöglichte Milo so einen enorm günstigen Augenblick, in dem er ganz ungestört ins Haus schleichen konnte. Nur kleine, nasse Pfützchen auf der Treppe hätten ihn verraten können- doch keiner achtete auf so etwas. Das war überall so - warum also auch nicht in Milos altem Haus. Dieser befand sich nun direkt vor der Tür seines alten Zuhauses und schnupperte an der Türmatte. Es roch nicht mehr so wie früher, auch drang kein Laut aus der Wohnung. Milo begann sich das Fell zu putzen. Dann, er war gerade dabei darüber nachzudenken, ob die Frau ohne Namen nun wieder da wäre oder nicht (Milo tendierte zu: „eher nicht"), als ihn unvermittelt zwei dicke Hände packten und hochnahmen. Herr Schoffel! Milo strampelte panisch, entwand sich und flitzte was er konnte die Treppe hinunter. Herr Schoffel folgte ihm und rutschte fast auf den kleinen Wasserpfützen aus. Unten stand noch immer die alte Frau Zuckermann im Gespräch mit dem Postboten, der es am heutigen Tag, offenbar kein bisschen eilig hatte. Die Tür stand einen Spalt breit offen und schwupps war Milo wieder in der Freiheit und Herr Schoffel außer Atem. Etwas ratlos versteckte sich Milo im Hinterhof der kleinen Bäckerei Nußbaumer, welcher schräg um die Ecke lag. In das alte Haus mit dem trampeligen Herrn Schoffel wollte er unter keinen Umständen mehr zurück. Das Tierheim kam für Milo auch nicht mehr in Frage, und Monika würde unweigerlich Ärger mit dem Vermieter bekommen, wenn er wieder bei ihr aufkreuzte. Am Ende säße dann Monika wohl genauso auf der Straße wie er selbst. Das wollte Milo nicht. Draußen bleiben konnte er aber auch nicht. Im Winter war es einfach zu kalt. Wo also sollte er übernachten? Ratlos gab er sich der Fellpflege hin, als der Bäcker Nußbaumer ihn entdeckte. Milo war instinktiv darauf vorbereitet weggejagt zu werden- das Schicksal vieler Katzen; doch das Gegenteil war der Fall. Der Bäcker beugte sich zu ihm herunter, kraulte ihn hinter den Ohren und machte ihm ein Angebot, welches Milo wahrlich nicht aus-schlagen konnte. Von diesem Dezembertag an war Milo die Bäckerskatze und sorgte dafür, dass sich in der Mehlstube des Bäckers keine der unerwünschten Mäuse aufhielten. Eine bessere Art den Winter zu verbringen konnte sich Milo kaum vorstellen. Vom alten Bäcker Nußbaumer nämlich erhielt er eine ausgesprochen gute Unterkunft, Verpflegung und genug Streicheleinheiten. Der Bäcker hatte viel feinere Hände als Herr Schoffel. Zudem rochen sie gut. Milo mochte ihn gut leiden. Vergessen war sein früheres Frauchen, vergessen war Monika und das Tierheim. Vergessen war- erst recht- Herr Schoffel. Der Bäcker und er waren ein wirklich gutes Team. Es hätte, wenn es nach Milo gegangen wäre, ewig so weiterlaufen können- doch hatte der Februar etwas auf Lager, mit dem weder er noch der Bäcker Nußbaumer gerechnet hätten: In den allerletzten Zügen liegend (immerhin war es schon fast März), bescherte er der Stadt ein Glatteis wie man es schon lange nicht mehr erlebt und gespürt hatte. Der Bäcker bekam es besonders hart zu spüren. Er glitt nämlich aus und brach sich mindestens 8 Knochen. Entsetzt beobachtete Milo wie er vom Krankenwagen weggebracht wurde. „Das Glück hält nicht für immer an", dachte sich Milo. Ein paar Tage noch wollte er nach dem Rechten sehen, blieb also in der Mehlstube. Er kümmerte sich um die Mäuse und wartete auf die Rückkehr des Bäckers. Aus den Tagen wurden Wochen, doch der Bäcker kam noch immer nicht zurück. Mehlstaub verklebte nun Milos Fell, und etwas Anderes verklebte seine Seele. Etwas Schweres und Schwarzes, zäh und unerfreulich. Milo wurde von Tag zu Tag trauriger. Nicht einmal pflegen wollte er sich noch. Warum nur kam der Bäcker nicht zurück? Für Milo wurde er nun zunehmend zu einer Erinnerung, und diese Erinnerung führte zu weiteren Erinnerungen, und das führte dazu, dass sich Milo zum ersten

Mal so richtig verloren fühlte. Nicht einmal die Mäuse schmeckten ihm mehr. Damals, noch in der Mehlstube, hatte die Krankheit mit seinem Fell begonnen, die ja von den Ärzten nicht als Krankheit gesehen wurde. Dennoch fühlte sich Milo krank. Irgendwann, es mag Ende April gewesen sein, kamen einige fremde Menschen in die Mehlstube und räumten sie aus. Ein Mann griff Milo, der zu verblüfft war um zu strampeln, und ein weiteres Mal landete er im Tierheim.

Wieder brachte niemand Milo mit der Such-anzeige von Herrn Schoffel in Verbindung. Diesmal wurde er von gleich zwei Tierärzten untersucht, die nicht wussten womit sein komisches Aussehen zu erklären gewesen wäre. Körperlich war er gesund- aber nun war es eben so wie ich es vorhin bereits beschrieben hatte: Milo sah aus als hätte ihn jemand schlecht und recht zusammengeflickt. Von seinem einst so schönen Fell war beinahe nichts mehr übrig. Es war nun fast ein Jahr her seit die Frau ohne Namen nach Indien gegangen war, und Milo fragte sich noch immer, ob sie gefunden hatte wonach sie auf der Suche gewesen war.

Die Antwort hätte ihn interessiert.

Mittlerweile konnte er sich nämlich auch nicht mehr finden.

Meistens lag er nun auf der Seite wie damals auf dem Flur von Herrn Schoffel, das Fressen schmeckte ihm nicht, und keiner der Leute, die ab und zu vorbeikamen, um sich ein Tier mit nachhause zu nehmen, wollte ihn haben. Wer hatte schon Interesse an einem dermaßen traurigen Kater.

Einer der Tierärzte schlug nach einer Weile vor Milo einzuschläfern. Dieser döste derweil lustlos vor sich hin- als er mit einem Mal sanft hochgenommen wurde.

Unerwarteter Besuch war — in der Person von Monika- ins Tierheim gekommen. „Milo! Was ist mit Dir passiert?"

Sie seufzte: „Ich nehme ihn mit, heute noch!" Ihre Stimme klang sehr entschlossen. Und so trug sie den leicht und klein gewordenen Milo davon- in eine neue Wohnung.

Da er jetzt hier war, ging er davon aus, dass Monika und er nun einen viel netteren Vermieter hatten.

„Das Glück hält nicht für immer an", dachte sich Milo.

„Doch das Unglück auch nicht!"

Etwas sagte ihm, dass er nun für eine lange Zeit glücklich sein würde.

Er fraß eine Kleinigkeit, dann begann er sich, nach langer Zeit wieder zu putzen.

In dieser Nacht schlief Milo besonders gut. Als er aufwachte, setzte er sich vor Monikas Bett und wartete darauf, dass sie endlich aufwachen würde.

Er wollte mit ihr gemeinsam die neue Wohnung erkunden.

Doch Monika schlief noch immer. Milo war schon ganz aufgeregt. Ein neuer Tag lag vor ihnen, und Monika schlief noch immer. Da ihm das Ganze ein klein wenig zu lange dauerte, half er nach. „Miau"!

67

Содержание

Автор: Клаудия Дж. Шульце

Перевод с немецкого: Оксана Шишкина

Яков и Коля

Никто не знал Колю дольше Якова.

В лучшем случае, возможно, родители Коли, но это не имело значения, потому что у них никогда не было возможности по-настоящему узнать его. Ветер унес его к Якову еще до того, как он научился летать. Это было не так уж и далеко, как могло показаться. Яков нашел малыша рядом с его гнездом, осторожно подобрал и принес домой. Родители Коли попали в руки опустошителей, и, поскольку у старого Якова также приближался конец его дней и у него никого не осталось на свете, то он был вполне счастлив о ком-то позаботиться. Он хорошо справился с этим.

Он назвал Колю «счастливым вороном», чтобы противодействовать тому, что в то время в России думали о воронах.

На них возлагали ответственность за каждое несчастье, которое случалось с тем или другим. Яков никогда и раньше не верил ничему подобному. Когда его жена и четверо детей постепенно умерли всего за одну зиму, он даже не возложил вину на Господа, не говоря уже о воронах. (В то время в России говорили «Господь Бог» вместо «Бог»). «Яков знал, что причиной таких смертей является бедность. Они не могли позволить себе даже врача. Для бедняков, таких как Яков и его семья, жизнь часто заканчивалась именно так. Он очень сильно оплакивал их, его подушка была мокрая от слез, и целый год он не общался с людьми и не выезжал на природу. Он не понимал, почему он все еще был здесь. Он бы хотел оказаться со своей семьей. Но потом, в какой-то момент, когда он меньше всего этого ожидал, этот Коля ворвался в его жизнь. Крошечный, черный и голодный. Несмотря на то, что ему было трудно содержать семью, для такой маленькой птички многого не требовалось. У него было бесчисленное количество дождевых червей и земляники, зерна и всего того, что делало его большим и сильным.

Лесной фермер дал Якову сливки и мед в обмен на его резьбу по дереву, но Якову это было нужно больше всего для себя.

Взамен Коля получил все остальное. Даже крошки от хлеба и все, что накапливалось. Коля прекрасно рос, но чего-то боялся. Это не было чем-то простым, это было принципиально важным: Коля боялся летать. Яков сначала оправдывал это тем, что Коля еще такой маленький, затем тем, что он грубо выпал из гнезда. Но, в конце концов, он обеспокоенно почесал в затылке, потому что не знал, что делать. Что, если Коля никогда не захочет летать? Его крылья были в полном порядке, в этом можно было не сомневаться.

Яков лихорадочно подумал: «Что можно сделать?» Чтобы показать Коле, как летать, он даже побежал по полю и стал бешено размахивать обеими руками. Однако при этом он только прогнал маленького ярко-полосатого кабана, который быстро убежал с поляны. Коля неподвижно наблюдал за всем и не сдвинулся с места. Наконец Яков показал ему других птиц. Он провел много часов с маленьким вороном в лесу, показывая ему сов и птиц, но безрезультатно. Яков, который был исключительно одаренным резчиком по дереву, даже вырезал для Коли свою собственную серию воронов, сначала с закрытыми, а затем с широко раскрытыми крыльями, в образовательных целях.

Коля с интересом смотрел на эти маленькие фокусы, немного клевал их кое-где, точил клювом одну из фигур. Но он не летал.

Затем Яков обменял резные изделия на теплые тапочки у жены лесного фермера и пригоршню гвоздей для ремонта дома у ее мужа. На обратном пути он, как это часто бывает, принес Коле его любимую землянику.

Коля довольно бурно приветствовал его по возвращении, сел на плечо Якова и по-дружески покусал его за ухо. Как сильно он любил эту птицу!

«Что мне с тобой делать?» Яков и сам понимал, что уже стар. Он никогда не сможет позаботиться о Коле. Однажды он даже сделал вид, что нуждается в помощи.

Он резко упал на пол и указал на свою ногу, его лицо исказилось. «Помоги, Коля!» Но и это не принесло желаемого успеха.

Коля остался сидеть с ним, слегка прижался к его руке и, кроме этого, больше ни на сантиметр не сдвинулся с места. Яков глубоко вздохнул два раза, но от этого ему не стало легче. «Я не могу просто сбросить его с крыши, чтобы он, наконец, полетел!» - сказал он и посмотрел на крышу. Было в принципе не так высоко, а трава была высокой и густой. Осмелится ли он? Якову потребовалось целых три дня, пока он, наконец, не решил, что надо попробовать. Ради Коли! В конце концов, как он будет жить без него позже, когда не сможет летать? Яков знал, что действовать нужно очень осторожно, чтобы Коля не почувствовал, что он задумал. В конце концов, он был умным вороном. Яков взял свои инструменты, взял сумочку, в которой его сопровождал Коля, забрался на крышу и стал чинить старые вагонки.Коля сидел рядом, ничего не подозревая, глядя на него дерзкими темными глазами и радуясь своей жизни. Как приятно было быть со старым Яковом. Он стучал молотком, но вскоре под кепкой начал потеть. Как же он должен был это сделать? Разве он не должен предупредить Колю хотя бы немного заранее? Нет! Это не поможет. Поэтому он осторожно поднял Колю, отнес его к краю крыши, убедился, что его маленький ворон мягко упадет в экстренной ситуации, и подбросил удивленную птицу высоко в воздух. «Лети, Коля, ты справишься!» Ему было тяжело, да к тому же он чувствовал себя предателем. Он едва осмеливался дышать, когда к своей великой радости увидел, как Коля расправил крылья, трепетал, плыл, качался и - полетел. Коля полетел! Яков украдкой вытер слезу с уголка глаза, потом ему пришлось самому позаботиться о сохранении равновесия. «В конце концов, у меня, старого дурака, нет крыльев», - пробормотал он. Между тем Коля летел все выше и выше.

«А он вообще ко мне вернется?» - стал недоумевать Яков. «Может, я ему больше не нравлюсь, я не могу его винить». Но потом он подлетел к крыше, приблизился к Якову, но не решился приземлиться там, сделал еще один круг и мягко опустился в траву. Яков поспешил спуститься с крыши. «Коля!» - похвалил он его, - «У тебя все получилось!».

75

Коля гордился собой.

Этого нельзя было не заметить. Его глаза сияли, а оперение было растрепанным. С этого часа не проходило ни одного дня, чтобы Коля не летал.

Его маршруты становились все более обширными, экскурсии - все длиннее, полеты - выше.

То, что так долго его пугало, стало его величайшей радостью. Конечно, помимо Якова. Он все время возвращался к нему, и не из-за всех этих дождевых червей и земляники. Нет, он возвращался к Якову, потому что был его другом. «Однажды, Коля, - сказал Яков много месяцев спустя, - я тоже смогу летать, поверь мне! Когда моя душа устремится в небо очень быстро, так что ветер засвистит от удивления». Сказав это, он заметил, что совсем не боится этого дня. Ему тоже не нужно было этого делать.

С одной стороны, не потому, что он был

уверен, что там снова встретится со своей семьей, а для всего этого была другая причина. Прямо они еще не говорили, то есть Коле он еще не сказал. Сам Коля в основном только каркал, хотя Яков был уверен, что ворон его прекрасно понимает. Настоящая дружба иногда обходится без слов.

И в этом Яков был уверен.

Когда придет время, Коля непременно будет сопровождать его ввысь.

И это было что-то! «Но мы ведь пока не будем этого делать, Коля, не так ли? А теперь давай спокойно съедим нашу землянику, может быть, с небольшим количеством сливок, и будем наслаждаемся наслаждаться этим днем!"

Коля надулся, немного наклонил голову и нежно потер ею о руку Якова.

Коля, который на самом деле сопровождал душу старого Якова, - но это было много-много позже, - больше не хотел оставаться в пустом доме.

Его также беспокоило то, что он не мог за ним угнаться.

Сначала он точно знал, куда идти за Яковом; он следовал за ним, и свистящий ветер был его спутником. Это было замечательно. Но дальше дело не пошло, он потерял Якова.

Он улетел медленно, не торопясь.

Вдруг в этом доме все стихло. Медленно и тяжело. Он думал, что из пустых гнезд и из пустых домов нужно взлететь и улететь далеко-далеко над землей. Он не мог больше полететь к Якову. Не было никого, ради кого он хотел бы остаться.

Некоторое время он оставался рядом - на тот случай, если душа Якова испарится, несмотря на его помощь. Но в глубине души он знал, что души не улетают. Они точно знают свое место. Так что он отказался от ожидания и сделал то, что у него получалось лучше всего, и то, что больше всего нравилось Якову.

Внезапно Коля осознал, что делать. И Коля позволил ветру унести его. Он полетел так далеко, как никогда раньше, оставив ловцов воронов позади, и внезапно почувствовал себя настолько свободным, насколько это вообще возможно. Он уже знал, что пути назад не будет.«Лети, Коля!» - услышал он слова старика Якова. Он так и сделал! Полетел. Коля почти не отдыхал, летел при ветре и непогоде, успешно боролся с засухой и жарой и даже с метелями. Он был в перелетах целый год. Затем он почувствовал, что его силы ослабевают и что время путешествовать закончилось. Часть леса, над которым он только что пролетал, должна была стать его новым домом. Коля сделал последний маленький круг по поляне и сел на новую землю. Звучит как маловероятное совпадение, может, это и не совпадение. Но он приземлился в лесу Лукаса. Иногда мне кажется, что подобное не может быть совпадением. Потом мне приходит в голову, что все каким-то образом связано. В каком-то смысле мы этого еще не можем понять. В тот же день он нашел дом Лукаса. Он был ярко освещен изнутри и полон людей. Коля почувствовал что-то вроде тоски по дому, когда заглянул туда. Яркий, теплый, но не его. Изнутри доносились голоса. Коля решил подойти поближе и подождать, понаблюдать. Никогда невозможно знать ничего наперед. И эти многочисленные голоса из дома звучали так дружелюбно. «Это что-то», - подумал он. Ночью он ясно увидел перед собой дорогое старое лицо Якова.

Саша и Баба Яга

Баба Яга, как в России называют ведьм, совершенно заблудилась в своих долгих странствиях по Сибири. Я не могу этого доказать, но я думаю, что она вовсе не была настоящей Бабой-Ягой, а была просто сварливой старухой, слишком уверенной в себе. Настоящая Баба Яга никогда не смогла бы заблудиться в Сибири. Но эта Баба Яга не умела даже летать, не говоря уже о том, чтобы заворожить погоду, да и есть ей было нечего. Даже с ягодами ей не везло, и она несколько раз натыкалась на особо ядовитые, и если бы не белоснежный песец, посланный с небес, который ловко сумел отвлечь ее своеобразным танцем подальше от ядовитого куста, быть бы беде. Старуха не знала, что умный лис спас ей жизнь. Вместо этого она ворчала про себя: «Такой же глупый, как мой Саша, такой же глупый!» Саша когда-то был ее мужем. Этот Саша, напротив, тоже не был дураком.

Единственная грубая ошибка, которую он

когда-либо совершил, - это то, что он влюбился в Бабу Ягу в юности. Раньше он был довольно привлекательным и позволял выпекать для него особенно сочные пончики, дрожжевые кольца и рыбные запеканки. Но когда она стала злой, сварливой, мрачной и капризной, Саша собрал свои пожитки, покинул дом Бабы Яги и просто захотел вернуть себе свободу и душевное спокойствие.

Так что и этот Саша определенно не был дураком.

Голова Бабы Яги всегда была омрачена ненавистью и плохим настроением, что не оставило на ней хороших волос.

«Саша» теперь было для нее матерным словом, и, несмотря на свою глупость и неблагодарность, она теперь называла так же умную, услужливую, красивую белоснежную лисицу «Сашей». Конечно, она хотела его оскорбить. Но теперь вы знаете настоящего Сашу из моей истории. И могу вас заверить, что он был действительно молодцом. Даже покинув дьявольский дом, ни одно плохое слово о ней не слетело с его уст. Этот Саша был очень порядочным и умным. И поэтому, конечно же, Баба-Яга не могла навредить Саше, снежному лису, этим именем.

Лис Саша не привык к людям в этой местности. Он не мог судить старуху, но однажды, много лет до этого, ему на помощь пришел человек, когда его передняя лапа

83

попала в капкан. С тех пор Саша принципиально положительно относился к людям, что, как выясняется, также может иметь очень негативное влияние. Сначала он почувствовал, что без его помощи этой старухе далеко не уйти. Она выглядела слабой, голодной и усталой. Животные не думают об этом, как мы, люди. Скорее, они действуют, потому что чувствуют это. Поэтому он поманил Бабу Ягу за собой только что пойманной куницей, которую держал в зубах. Потому что он знал о хижине, которую когда-то использовал охотник. Там же был камин, и он мог бы оставить куницу старухе. На самом деле она выглядела так, будто ей нужно была еда намного важнее, чем ему. Для Саши было нетрудно поймать что-то еще. Он был еще молод и очень умен, а также необычайно настойчив. Как он и предполагал, его план сработал. Баба-Яга жадно шла за ним, не сводя глаз с куницы в его пасти. Она плелась за ним почти три мили, пока он, наконец, благополучно не привел ее к бывшему охотничьему домику. В прочном деревянном ящике для охоты было достаточно дров и посуды, фонарь, полный ящик со спичками, свечами, спальный мешок и множество охотничьих одеял, мехов, а также остатки солодового кофе и меда в закрытом толстом стеклянном горшке, завернутым в одеяло. Рядом стояла такая же банка с остатками маринованной свеклы. Было даже два мешочка соли и перца, консервированная банка с солеными огурцами и одна с ягодами. Немного, но все же. Снег можно было растопить в одной из бидонов. Она сможет готовить еду и кипятить воду для питья. Да уж если бы Бабу Ягу сейчас это не устраивало! Видимо, она тоже была такой: «Эй, Саша, - кивнула она, - ты в чем-то хорош». Она удовлетворенно усмехнулась про себя. «Останься здесь ненадолго, тогда я смогу согреться на твоей красивой густой шерсти». Саша не понимал, о чем она лепечет своим почти беззубым ртом, но тон голоса говорил ему, что она, очевидно, была рада и приглашала его немного посидеть с ней у костра. Покровительственным жестом она протянула Саше небольшой кусочек куницы, которую только что зажарила. Это был действительно долгий холодный день, и он был голоден. «Итак», она рывком схватила его и прижала к своему тощему, костлявому телу. «А теперь ты можешь согреть меня, маленькая, красивая лисичка», - Саше это не очень понравилось, потому что хватка старухи была железной. Теперь, когда она подкрепилась мясом куницы и сладким солодовым кофе, ее сила была внушительной. Однако, поскольку Саша был чрезвычайно добродушен и все еще явно имел в голове дружелюбного человека с давних времен, того, кто его спас, он не стал защищаться и согрел своим телом костлявое тело Бабы Яги. Саша должен был признать, что хотя она и правда была очень худой, но от нее также можно было получить немного тепла, и поэтому он сделал то, что на самом деле совсем не типично для дикой сибирской лисы: он остался с ней.

Они стали хорошей командой. Он спасал их

от опасности и всегда приносил еду.

Она собирала палки, готовила еду, разжигала огонь, растапливала снег и кипятила воду. И ледяными ночами они согревали друг друга. Он был очень умен, так что они с Бабой Ягой могли жить в сарае много дней, не страдая ни от голода, ни от жажды, ни от холода. «Ты - умный лисенок», - теперь часто ворковала она. "Ах ты хитрый, умный лисенок!"

Очевидно, она была вполне довольна Сашей, и Саша не возражал. Чего он не знал, так это того, что старуха начала использовать его в своих интересах и строить планы, как она могла бы получить от него еще больше. Как всегда, она просто не могла полностью насытиться. Поскольку он был очень умен, она приняла это за лукавство. Она хотела научить его быть вором и таким образом разбогатеть в большом золотом городе, в который она намеревалась вернуться. Он должен был украсть кур и цыплят из конюшен, драгоценности, монеты и красивые ткани из квартир. Ее фантазии не было предела. Но Баба Яга ошибалась, когда думала, что из-за того, что Саша был умен и добродушен, он стал бы вором. Он лишь использовал свою смекалку, чтобы спасти себя и Бабу-Ягу от голода.

Будучи злой и хитрой женщиной, она не смогла понять, что есть разница между умом и проницательностью и хитростью и жесткостью. Поскольку она сама была чрезвычайно хитрым и закаленным в этом деле человеком, она автоматически видела эти качества в каждом другом существе на прекрасной земле России. Это тоже человеческая природа. Они видят то, что они собой представляют, часто приписывая эти качества и другим.

Видеть здесь - не то слово.

Потому что на самом деле вы этого не видите. Скорее они «видят» это в людях или существах, с которыми им повезло или не повезло встретиться. В случае с Бабой Ягой это явно не было везением. Саше не очень повезло с выбором спутницы, и он не проявил большого мастерства в ее выборе. Это же относится и к нашему лису. Поскольку Саша был добродушным и уже успел познакомиться с добрым человеком, он видел Бабу Ягу в гораздо лучшем свете, чем она была на самом деле. Даже когда она уложила его в старый, засаленный спальный мешок, надеясь поскорее пойти с ним в следующий большой город, где он должен был работать на нее вором, он не сделал этого, сопротивлялся. Она протащила его по снегу много километров. Он с огромным трудом слышал, как она тяжело дышит и ругается, ничего не видел и только чувствовал запах сырости, затхлый запах спального мешка, и не совсем понимал, что с ним случилось; внезапно его тело было отброшено вправо, затем он услышал, как бежит Баба Яга. Внезапно все прекратилось. Он также перестал слышать звуки.

Саша медленно нащупывал путь вперед. Морщинистая рука, все еще держала спальный мешок закрытым так, что он не мог вырваться. Баба Яга была на снегу, смотрела вперед, жесткая и безмолвная.

Саша осторожно ее обнюхал. Она не издавала ни звука и не двигалась.

Он не знал, что делать. Конечно, он был умным животным, но даже с умными животными бывает, что они уже не знают, что делать. Так было с Сашей в тот момент.

Баба Яга лежала на снегу под солнцем, потому что было еще светло как днем. На мир осела мелкая рыхлая снежная пыль, но небо было таким голубым, каким могло быть только небо в Сибири. Саша обнял ее голову своим телом, вероятно, чтобы согреть ее. Он пробыл там с ней какое-то время, его великолепная шерсть едва выделялась на снегу, но все же ему было намного теплее. Она все еще не двигалась, и снег все больше и больше погружал ее и старый спальный мешок под себя. Становилось все холоднее и темнее, Саша встал и зашагал своими тонкими ножками прямо в норе. Ему удалось поймать пару тощих мышей к обеду. Ночь, которую он провел в полном одиночестве впервые за долгое время, казалась немного холоднее, чем обычно, но он не возражал. В его норе было достаточно тепло. На следующее утро он сразу же побежал обратно на то самое место, где оставил Бабу Ягу. Она все еще была там, но теперь ее едва ли можно было увидеть невооруженным глазом. Теперь снег почти полностью погреб ее под собой. Снег шел, не переставая. Лишь часть ее волос все еще выглядывала из-под шапки и снега, вот и все. Саша некоторое время сидел около нее. Я нашел его там. Это была такая запоминающаяся, трогательная картина. Когда он сидел, его две передние лапы были аккуратно поставлены бок о бок в холодном снегу. Этот верный лис Саша, который охранял старую, замерзшую женщину, хотя она была и не совсем хорошей. Солнце в тот день было особенно ярким, и из-за блеска снега все на мгновение показалось еще более нереальным, чем это было раньше. Вдруг я заметил женщину, которая, казалось, возникла из ниоткуда. Я моргнул, а когда открыл глаза, ее уже не было.

Остались только симпатичная снежная лисица и мертвая женщина на снегу, плюс холод и солнце.

Его лучи создавали маленькие блуждающие блики, и мне снова показалось, что я сплю. Опять же, из ниоткуда я увидел эту маленькую женщину, тихо стоящую передо мной. Он снова исчез после того, как я моргнул.

Но ее следы все еще были очень хорошо видны на снегу, что окончательно сбило меня с толку. Женщина сразу показалась мне довольно знакомой. Я видел ее где-то раньше, может быть, в книге - или, по крайней мере, слышал о ней. И поэтому я на мгновение подумал, что это действительно явилось мне здесь очень личным образом:

Русская женщина Ольга, которую я раньше считал чистой легендой. По старинному преданию, россиянка Ольга всех примирила, сказав, что солнышко всем светит одинаково.

Это действительно было не так-то просто описать. Вероятно, она была маленькой. Это было сразу заметно, у нее была какая-то повязка на ногах, но я думаю, это из-за холода. Этакие самодельные колготки, поверх которых она одела светлую юбку. Ее лицо было нестареющим, то есть по ощущениям вы знали, что она должна быть старой, но она выглядела молодой, совершенно без морщин, с румяными щеками на очень круглом, чрезвычайно дружелюбном лице, мягко обрамленном белыми волосами.

Она снова подчеркнула это с помощью солнца. Слышать это из ее уст снова было совсем другим. Это ударило меня, в хорошем смысле, прямо в сердце. Она заметила это, но была слишком тактична, чтобы вдаваться в подробности. Скорее, она просто ободряюще мне улыбнулась. Тогда россиянка Ольга вежливо попрощалась и быстро исчезла. Даже тогда, когда я был еще очень молод, это казалось мне очень мудрым. Теперь, когда я стал немного старше, тем более. «Беги в лес, мой маленький лисенок», - подбодрил я Сашу. Мне не пришлось долго просить его об этом. Он высунул свою мордочку в воздух, вероятно, чтобы получить очень точный прогноз погоды, нежно погладил мою ногу, когда проходил мимо, надеялся, огляделся в последний раз на меня и женщину в снегу, затем он элегантно исчез с в чаще. Я остался немного озадачен и попытался сначала привести в порядок свою растерянную голову.

Ледяная сибирская зима может сыграть не одну шутку с вашими собственными мыслями. Вы не можете себе представить это, сидя на теплом стуле для чтения.

Вокруг вас кружат сумасшедшие звенящие снежные призраки, вам преграждают путь гигантские белые деревья, а из снега иногда поднимаются фигуры, которых вы никогда раньше не видели. Некоторые из них могут быть немного устрашающими, странными и нереальными, другие могут быть красивыми.

Часто нельзя было полагаться на то, что увиденное было всего лишь иллюзией.Но Баба Яга действительно была. Это, несмотря на все сомнения, было правдой. Здесь лежал человек, о смерти которого необходимо было сообщить как можно скорее. Я сделал последний глоток горячего травяного чая из термоса и немного пошевелил ногами в тяжелых массивных туфлях. Из-за сильного, почти злого, всепоглощающего холода я почти не чувствовал его. Я подождал еще немного, пока кровь не вернется в них, и я мог быть уверен, что снова смогу ходить. Затем я направился в город. По крайней мере, я должен был сообщить о смерти Бабы-Яги, хотя я был более чем когда-либо уверен, может ли это быть настоящая Баба-Яга.Чем больше я думал об этом, тем более неправдоподобным это казалось мне.

Такого бы никогда не случилось с настоящей Бабой Ягой. Они не замерзают насмерть в снегу, не падают замертво от истощения, не теряются в лесу. Тем более в Сибири. Невозможно! Я был уверен в этом.

И пока я все еще задавался вопросом, что могла или не могла старая Баба Яга, кем она была или нет: одна вещь, которая у нее была впереди каждой настоящей ведьмы, каждой настоящей Баба Яги.

За свою долгую жизнь ей повезло, возможно, незаслуженно: в конце своей жизни она встретила чудесного Сашу. Она никогда не была дружелюбной. И все же Саша был с ней. Тщетно будете искать умного и любвео-бильного снежного лиса по всей Сибири. Кто знает.

Может, это была незаслуженная удача.

А может подарок.

Любимчик

В России, вдали от большого города Москвы, была ферма, в которой, как и на любой другой ферме того времени, был сторожевой пес. В то время у собак не было имен, то есть, вероятно, они уже были, но этого никто не знал, да и мало кому было это интересно.

Их называли собаками или, в лучшем случае, «сторожами», потому что это была их работа: охранять двор.

Он жил не в семейном доме, а в маленькой собачьей будке, которая стояла перед главным домом фермы.

Не только в России, но, особенно в это время, почти повсюду в мире.

Было еще кое-что, что, к сожалению, очень часто существовало в то время - и есть до сих пор: дети, которых часто избивали (и, я с трудом подбираю для этого слова, избивают до сих пор). Каждый раз в этом мире были такие судьбы, было легче или труднее.

Некоторые вещи сегодня, безусловно, стали проще, чем раньше; однако, к сожалению, до сегодняшнего дня многое не изменилось. В России в этом питомнике нашли маленького худощавого восьмилетнего мальчика по имени Алёша с собакой «Страж». Это было единственное место, где он чувствовал себя в безопасности. Алёша знал, что Вехтер никогда не причинит ему вреда. Его успокаивало сидеть с ним в хижине и прижиматься к его меху.

Он любил замечать дыхание Вехтера через легкие подъемы и опускания его теплых боков. Иногда охранник сидел снаружи, перед своей хижиной, а Алеша внутри. Тогда у него было больше места, и он все еще был в безопасности. Вехтер никому не позволил бы добраться до Алеши.

Но когда с ним в хижине был охранник, ему это тоже нравилось. Иногда было немного тесновато, но это не имело значения. Страж был его другом, и, как говорится: в тесноте, да не в обиде. Он также чувствовал себя с ним в максимальной безопасности. Алеша скрывался здесь от своего отца, Вадима. Сколько он себя помнил, он всегда бежал к охраннику, который его защищал. Всего несколько ночей он спал в собственной постели, и в эти ночи ему было трудно сомкнуть глаза без охранника. Иногда он заходил в главный дом, чтобы помыться или что-нибудь поесть. Его старший брат Виктор и его сестра Ирина тайно приносили им обоим, когда могли, припасы. Им приходилось быть особенно осторожными, так как они боялись гнева и палки отца.

Другие старшие братья и сестры давно покинули ферму.

Здесь негде было остановиться.

Осенью он оббил дом разными слоями дерева, чтобы было немного теплее. Зимой он носил много слоев одежды. Затем хижина была устлана старыми, лисьими пуховыми одеялами. Он всегда тепло относился к Вехтеру. Тем не менее, он не думал, что

99

сможет пережить некоторые особенно холодные ночи. Однако, словно чудом, у него и Вехтера всегда было новое утро. Алёша предпочел бы замерзнуть, чем осмелился бы оставаться в главном доме дольше, чем нужно. К его облегчению, его родители, казалось, время от времени забывали о нем. Однако по воскресеньям отец должен был возить их в церковь. Алеша сидел в задней части кареты, подальше от своего отца Вадима, который бил хлыстом по потрепанным спинам бедных тощих упряжных лошадей.

Иногда Алёша приносил в конуру небольшую обогревательную лампу и стружку, но ему всегда приходилось быть очень осторожным, чтобы не дать вспыхнуть огню. Это была борьба за выживание.

Несмотря на эти тяжелые условия, Алеша оставался довольным. У него была охрана.

Это было больше, чем могли бы сказать многие другие дети. Когда пришла весна, и они смогли сложить пуховое одеяло, в доме наконец стало больше воздуха и места. Алёша вздохнул с облегчением. Как и каждый день, он обвил обеими руками теплую шею Вехтера и положил на нее голову, чтобы чувствовать себя в большей безопасности. Это помогло. По крайней мере, всегда помогало. Однако были и предварительные взгляды на будущее. Прошлой зимой он сильно вырос. Обычно что-то подобное обычно означало что-то хорошее. Однако в случае с Алешей этого нельзя было сказать так однозначно. Алёша начал медленно волноваться.

Без сомнения, с каждым днем он становился немного старше и крупнее. Скоро в собачьей будке уже не будет места, и он все еще не станет достаточно большим, чтобы уйти.

В те дни, когда отец Алёши бунтовал особенно громко, даже обычно спокойный охранник начинал немного рычать из-за своей нервозности, и Алёша приходил в отчаяние. У него было ощущение, что назревает что-то плохое.

Что-то, что уничтожило бы его, если бы у него не было больше места в хижине Вехтера и, следовательно, больше не было бы защиты.

Однажды, когда Алеша был в хижине, внезапно появился его разъяренный отец с палкой и выкрикивал его имя.

И снова у него случился один из его ужасных припадков, причину которого никто не знал.

Иногда Алеша подозревал, что это могло произойти из-за выпивки, но он не был уверен. Он цеплялся за дерево хижины, вытаскивал из руки занозу и даже не замечал этого из-за своего страха.

Страж громко залаял и оскалил зубы. У Алёши навернулись слезы, когда он увидел, что его отец теперь пытается ударить Вехтера своей палкой. Он избежал ударов, несмотря на тяжелую собачью цепь, которая была на его шее. Он зарычал и пригнулся, чтобы атаковать, затем укусил разъяренного отца

Алеши за руку. Заплакав еще громче, он побежал к дому и вернулся с винтовкой. Алёша дрожащими руками ослабил собачью цепь с шеи Вехтера. «Беги, сторож!» - умолял он его, плача и стуча зубами. Он точно знал, что в противном случае его отец выстрелил бы в Вехтера, но Вехтер остался с Алешей. Раздался выстрел, шум оглушил уши. Алёша заткнул уши и тихо заплакал. Внезапно он почувствовал нос Вехтера на своем лице. Хранитель жив! Но его отец неподвижно лежал во дворе. Видимо, выстрел был произведен досрочно и попал в него самого. С пустыми глазами он лежал на спине с открытыми глазами, которые больше не могли видеть, с губами, которые больше не выкрикивали ругательства. Было тихо. Все еще плача, Алеша побежал в дом за помощью, но там никого не было. Вероятно, все они были в поле или ушли в лес за дровами. В любом случае, помощь Вадиму пришла бы слишком поздно. Мертвые глаза все еще не видели неба над ним - и никогда больше не увидят его. Даже изнутри.

Мальчик был в этом уверен. Поэтому Алёша поспешно собрал рюкзак с хлебом и одеждой, едой для охранника и ушел с ним из дома. Вехтер был первой собакой из России, которая что-то увидела в мире, а также первой, получившей настоящее имя, а именно: «Милый - Мой Любимчик!»

Кириллица, на которой в России, на бумаге выглядит немного иначе, но это не имеет значения. Прежде до этого, ни Алёша, ни его верный друг никогда не читали. Иногда это не имеет значения. Часто, конечно, да, но к ним обоим относились разные вещи. "Любимчик". Так теперь его называл Алеша. По-русски это сложно произносить, но звучало так же красиво, как красиво это слово звучит на любом языке мира.Они двигались по лесам и полям. В деревнях им давали еду, и время от времени Алеша немного помогал на различных фермах. Он выглядел старше, чем был на самом деле. Прогулки и блуждания с «Любимцем» укрепили его. Он все еще был охранником, но совершенно по-другому. Иногда, когда они приходили вечером отдыхать и сидели вместе под большим, широким небом, прежде чем заснуть, они оба вспоминали то время в конуре. Если бы они не делали этого, они бы не понимали, насколько они свободны сейчас.

Алеша и Катя

Алёша и Катя были парой, которую редко можно увидеть. Алеша любил Катю не как все. Не потому, что Катя не заслужила этой любви. Я не это имел в виду. Каждый заслуживает любви, хотя это может быть неправильное слово. Но очень немногие, к сожалению, умеют любить себе подобных по-настоящему и от всего сердца.

По-другому было с Алешей и Катей. Он делал все, чтобы на нее не упала ветка на голову или не попал камень в туфлю. Он заботился о ней, как мог, укутывал ее холодными ночами и каждый день благодарил жизнь за то, что она свела его с Катей. Наоборот было так же.

Ничто не могло заставить Катю думать о своем Алеше, только мысль о нем заставляла ее хотеть жить. Он дарил ей цветы, которые она ставила у окна. Ни у кого они не стояли так долго, как у нее. Они любили друг друга и нуждались друг в друге, и даже спустя годы не могли отвести друг от друга глаз. Похоже, это была такая удача, которая длится вечно. К сожалению, этого не произошло. Что-то совершенно необъяснимое случилось в одну из самых холодных ночей 1893 года в Петербурге. Поскольку камин вдруг перестал гореть, Алеша проснулся. Он провел около получаса на улице, балансировал на крыше, под завывающий ветер и, наконец, освободил дымоход от ветки, пробившейся сквозь снег. Он никогда раньше не чувствовал себя настолько промерзшим. Катя до раннего утра топила печку и растирала Алешу теплыми руками, чтобы он быстро забыл про холод. Она очень старалась. Но наутро Алешу будто подменили. Порядок вышел из строя. Любовь внезапно исчезла из него. Он уже не мог смотреть на Катю глазами любви. Скорее, она внезапно показалась ему злой женщиной. Ему также больше не нравилась ее внешность. Разве она не была слишком маленькой, а волосы слишком темными? Катя испугалась, как никогда раньше, когда прочитала внезапную холодность в его взгляде, заметила жесткость черт его лица, в котором, как единственное выражение, осталось лишь слегка презрительное выражение вокруг рта. Даже его кожа выглядела прохладной и бледной. Катя готовила ему горячие напитки и обеды, приносила одеяла и горячие пеленки. Но Алеша все отталкивал, как отталкивал Катю. С каждым прошедшим печальным зимним днем становилось все холоднее и холоднее, а он мог выносить только холода. Когда Катя хотела по-прежнему обнять его, тепло ее ладони так ранило его, что он так сильно оттолкнул ее, что она упала на пол. Катя вспомнила давно прочитанную ею сказку про ледяной шип, который в таком случае нужно было вытащить со спины человека. Но жала не было. К тому же Алеша не позволил бы

Кате так близко подойти к нему. Даже когда она была на метр перед ним, он не мог вынести тепла, исходившего от нее.

Как ни старалась Катя, она не могла придумать решения. Ледяной декабрьской ночью Алеша исчез навсегда. Говорят, Деду Морозу нужен был помощник.

Катя, оставшись одна, часто его звала. Но ничего, кроме ледяных цветов, не появилось в окне, через которое он проник в самую длинную ночь в году.

Его рисунок был прекрасен. Как изображения цветов, которые Алеша дарил ей в прежние времена.

Катя нежно положила на него свои теплые руки.

Майло, грустный кот

Майло из Санкт-Петербурга был довольно грустным котом. По крайней мере, в последнее время.

Он был немного похож на тряпичную куклу, которую наспех сшил кто-то, кто не совсем понимал, как это делается. Если быть точным, он был похож на лоскутного кота. В его темной шерстью виднелись проплешины, которые никто толком не мог объяснить, и казалось, что на переходе к шерсти были только импровизированные грубые стежки, что придавало его внешнему виду что-то жуткое – однако, он был здоров.

Среди них два ветеринара поставили свои впечатляющие печати - на одном даже можно было увидеть знаменитый посох Асклепиос. Так что сомнений не было. Майло внимательно и терпеливо изучил каждую уловку, описанную в книге. С этим ничего нельзя было поделать. Настоящая причина, по которой он потерял шерсть, была связана с его печалью. Он терял волосы от каждой грустной мысли, а в некоторые, особенно плохие дни, это могло означать целый пучок за вечер. «Счастье не длится вечно, - часто думал Майло. Были времена, когда кот вряд ли мог соперничать с Майло и его блестящей шерстью. В то время он жил с женщиной, которая внезапно переехала в Индию. Майло не знал, каково было найти друг друга. Означает ли это, что вы, должно быть, сначала заблудились? Он облизывал лапы и думал. Но не в одно и то же время, потому что кошки всегда делают то, что они делают, одно за другим, но никогда одновременно.

Тем не менее, Майло не пришел к выводу.

Он немного побродил вокруг, посмотрел на свое отражение в пруду и был этому рад. Это то, что она имела в виду, когда находила себя? »Нет, не могло быть. В доме было много поверхностей, в которых можно было увидеть свое отражение. Так что пришлось вести себя по-другому. Почему она не знала, кто и где она? Майло всегда точно знал, где

110

она. Когда она была в постели, он прижался к ней, обращая внимание на ее спокойное дыхание. Когда она стояла в ванной, чистя свои зубы, он прижался всем телом к ее голым ногам и мурлыкал. Когда она сидела на балконе и читала книгу, он лежал на стуле рядом с ней и наблюдал за птицами на дереве напротив. Майло всегда был рядом. Он также был рядом, когда она собирала чемоданы. Он трижды пытался спрятаться под аккуратно уложенной грудой белья, но каждый раз его находили. В день отъезда все было так же. Две руки решительно схватили его, вытащили из-под белья и поставили на пол. Затем чемодан закрыли и пристегнули красочный ремешок от чемодана.

Руки принадлежали соседу г-ну Шоффелю. «Оставайся здесь, заблудившийся!» - проворчал он Майло. Майло был несколько обижен. О чем думал г-н Шоффель? Он не был заблудшим! Но кем он был: он был очень сбит с толку. Что сейчас здесь происходило?

«Такси ждет!» - нервно сказал г-н Шоффель.

111

Майло подобрали снова, на этот раз хозяйка дома или тот, кто собирался больше не быть хозяйкой дома. «Ты хорошо будешь заботиться о Майло?» Майло услышал шепот согласия, почувствовал последнее царапание за ушами, где это ему больше всего нравилось, затем он без просьбы был передан на руки мистера Шоффеля и был отнесен в его квартиру. Таксист позаботился о багаже и обо всем остальном.

Господин Шоффель что-то крикнул из окна, ему было наплевать на Майло до конца дня. В этой квартире все выглядело по-другому и пахло странно. Он нашел корм для кошек на дощатом полу, но не тронул его. Он вяло скорчился на полу и попытался понять, что произошло сегодня. Сможет ли он хотя бы вернуться в свою старую квартиру? Даже если сейчас там больше никто не жил, это все-таки был его прежний дом. Он знал, где все находится и как все пахнет. Ему не хватало мягких подушек и стула, о который он точил когти. У господина Шоффеля таких кресел не было - и даже если бы они были, Майло чувствовал, что это, конечно, не приветствовалось бы. «Счастье не длится вечно, - подумал Майло. Когда вечером Шоффель вышел из квартиры, Майло прижался к двери и стал ждать своего часа. Господин Шоффель не обратил на него внимания. Он открыл дверь в старый дом Майло, взял лейку с балкона, с трудом наполнил ее водой в ванной, снова вышел, чтобы полить растения и все такое под

113

бдительным присмотром Майло. Он думал, что за ним не наблюдают, но господин Шоффель смотрел повсюду. Внезапно эти толстые руки снова схватили его, подняли и, не спросив, отнесли обратно в соседнюю квартиру. Майло был возмущен, но был слишком вежлив, чтобы царапать мистера Шоффеля. Он посадил его в холле перед миской с едой и, к возмущению Майло, слегка подтолкнул его носом. Теперь его решение было твердым: он уйдет отсюда.Он провел ночь, лежа на полу боком; он все еще не хотел прикасаться к еде. Утром зазвонил телефон. Кто-то сказал мистеру Шоффелю, что Майло прекрасно понимает, что устроился благополучно. Кто-то. Майло знал, кем был этот кто-то, но ему было все равно. Он хотел уйти. На кухне в кофемашине господина Шоффеля журчал кофе. Он открыл дверь, спустился по лестнице в халате за газетой - Майло не заметил, как он опередил его в планировании на этот раз. Все, что ему нужно было сделать, это дождаться за лестницей подвала, пока откроется большая входная дверь, и тогда руки толстяка не смогут его схватить. Между Майло и Фридом была только эта дверь - и она скоро откроется, так как в этом доме живет много людей. Да, он превратился бы в заблудшего. Вчера он нашел это слово оскорбительным, но теперь оно выглядело иначе. Слово пахло свободой, вечерним ветром и пойманными в ловушку мышами. Старая фрау Цукерманн уже проковыляла к входной двери с маленьким мешком для мусора, неловко его открыла, остановилась на мгновение, потому что дверь была тяжелой, а старая фрау Цукерманн была слабой, и, восклицая, Майло выскочил через дверь и выбрался на свободу. Все пахло по-другому. Лучше, чем с мистером Шоффелем. Майло был потрясен. Все было таким новым, таким совершенно незнакомым. Он был так же потрясен, как и женщина, которая оставила его и теперь в изумлении шла по Индии, где она тоже не могла избежать всех впечатлений. Но это было далеко, и Майло был озабочен собой. Он был один вне дома в течение многих

115

дней, и, поскольку было лето, ничто не могло его беспокоить. Днем он прятался в тени деревьев от полуденного солнца, ложился около маленьких стен, чтобы наслаждаться вечерним солнцем, слушал ночные крики других заблудших и проявлял особые способности у небольшой городской реки, где стояла старая мельница, обращенная к берегу. Он решил наловить достаточно мышей, чтобы не умереть с голоду. Тихо никогда не было. Шум был слышен даже ночью; и будь то луна, солнце или звезды, смотрящие на него сверху вниз - Майло всегда чувствовал себя как дома. Он очень тщательно чистил свою шерсть, потому что, подумал он, раз уж он бродяга, то совсем не обязательно быть похожим на него. Для него одного это не имело бы значения. Но было кое-что. То, о чем он любил немного заботиться.

И это действительно окупилось: некоторые из людей, которых он время от времени встречал, подходили к нему, заманивали его замаскированными высокими голосами, приседали около него, чтобы иметь возможность долго ласкать Майло. Ему это очень нравилось и в некоторые дни, когда его так гладили, в нем просыпалась тоска по женщине, которая оставила его и теперь бродила по Индии. Возможно, именно поэтому Майло позволил одной из женщин, которые его гладили, увезти его в один из осенних дней. Это могло быть связано с этой тоской, но, конечно, также и с погодой, которая уже не была такой привлекательной из-за нарастающего холодного

непрерывного дождя. Хотя Майло любил звук дождя, ему нравился его запах и дикость, которая в нем жила, но в то же время он думал о мягких подушках женщины, которая теперь спала вдали. Так случилось, что Майло стал жить у другой женщины. Еще у нее были подушки. От нее пахло лучше, чем от господина Шоффеля и никто не подталкивал его к миске с едой. С другой стороны, его каждый день подолгу причесывали и гладили. Короче: здесь было терпимо. Она даже сказала ему, что ее зовут Моника - и, как будто она это знала, назвала его Майло. Монике показалось, что он похож на Майло. «Моя любовь», - так она его называла. Потому что это то, что Майло имел в виду на другом языке. Лично Майло двигался слишком быстро, но он был вежливым котом. Моника подчеркнула букву «М» и «о» в обоих именах одинаково, как будто чтобы создать между ними общность. Внезапно Майло подумал о первой женщине. Женщина, имя которой он не знал. Почему она ушла? Потому что она искала не себя, а свое имя? Это было странно, но на самом деле он не знал ее имени. А он знал все имена предыдущих жильцов. Начиная с мистера Шоффеля и заканчивая старой миссис Цукерманн. Но это была лишь краткая мысль, потому что Моника вскоре снова привлекла к себе все его внимание. Однажды пошел снег, а Моника плакала рядом со своим телефоном, и Майло начал опасаться, что звонок может иметь какое-то отношение к нему, поскольку она постоянно смотрела на него. Что-то пошло не так. Кошка это очень хорошо чувствует; кот нравится Майло даже больше. «Мне не разрешено задерживать тебя, Майло», - всхлипнула она, и ее лицо стало красным, глаза покраснели от слез, и она не переставала плакать. Шерсть Майло местами была уже очень влажной. «Это был мой домовладелец!» Она указала на трубку.

Майло подумал, не был ли хозяин чем-то вроде господина Шоффеля, и особенно крепко обнял Монику за руку, чтобы немного успокоить ее. Конечно, и ты сам. «Счастье не длится вечно, - подумал Майло. Уже на следующий день Моника в слезах привела Майло в приют в его переносной кошачьей корзине. «Я поищу другую квартиру, обещаю!» - прошептала она ему, и у Майло не было другого выбора, кроме как поверить в это. Только надежда на это помогла ему пережить время в приюте. Не то чтобы к нему были недоброжелательны, но еда ему все равно нравилась. Он по-прежнему особенно хорошо ухаживал за своей шерстью, но никто не находил для него времени в этом доме. Вы даже не заметили, что у входа висит реклама по поиску хозяина для него. Брошен лично г-ном Шоффелем. В приюте слишком много всего происходило. Он скучал по Монике, по лету на свободе, и, да, он скучал даже по женщине без имени. Майло снова решил сбежать. Он хотел узнать, не вернулась ли тем временем женщина без имени из его предыдущего дома из Индии. Первое кормление в ранние утренние часы было особенно подходящим для этого. Все были заняты. Майло мельком взглянул направо, затем налево и незаметно просвистел по земле, покрытой легким снежным покрывалом.

Следы, которые он оставил, вскоре больше не было видно - и даже если бы ... Никто бы не нашел времени искать его. Следуя своему внутреннему компасу, Майло направился в свой бывший дом. Несмотря на небольшую метель, ему было нетрудно идти по тропе, которая автоматически привела его к дому, перед дверью которого он стоял и ждал, пока старая фрау Цукерманн откроет его для него. Когда идет снег, особенно первый снег перед Рождеством, иногда сбываются маленькие желания, которые немного облегчают жизнь, и поэтому на самом деле это была старушка, которая шагнула перед домом с метлой. Пришел почтальон - можно было подумать, как и договорились. Потому что он что-то обсуждал с фрау Цукерманн. Она засмеялась и кивнула.

Он вложил ее письма и сверток в свободную руку и подарил Майло исключительно благоприятный момент, когда он мог незаметно проникнуть в дом. Только маленькие мокрые лужицы на лестнице могли выдать его - но никто не обращал внимания ни на что подобное. Так было везде - так почему бы не в старом доме Майло. Теперь он стоял прямо перед дверью своего старого дома и нюхал коврик. Пахло не так, как раньше, и из квартиры не доносилось ни звука. Майло начал расчесывать свой мех. Затем он просто подумал о том, вернется ли женщина без имени или нет (Майло имел тенденцию: «скорее нет»), когда внезапно две толстые руки схватили его и подняли. Мистер Шоффель! Майло в панике пнул ногой, извивался и метался вниз по лестнице изо всех сил. Господин Шоффель последовал за ним и чуть не поскользнулся на небольших лужах воды. Внизу старая фрау Цукерманн все еще разговаривала с почтальоном, который, очевидно, сегодня никуда не торопился. Дверь была приоткрыта, и, ура, Майло снова был свободен, а мистер Шоффель запыхался. Немного озадаченный, Майло спрятался на заднем дворе маленькой пекарни Нуссбаумер, которая находилась по диагонали за углом. Ни при каких обстоятельствах он не хотел возвращаться в старый дом с неуклюжим господином Шоффелем. Приют для животных больше не подходил для Майло, и у Моники неизбежно возникнут проблемы с домовладельцем, если он появится снова. В конце концов, Моника, вероятно, будет так же сидеть на улице, как и он сам. Майло этого не хотел. Но и оставаться снаружи он не мог. Зимой будет слишком холодно. Так где же ему переночевать?

В растерянности он занялся уходом за собой, когда пекарь Нуссбаумер обнаружил его. Майло был инстинктивно готов к тому, что его прогонят - судьба многих кошек; но было все наоборот. Пекарь наклонился к нему, почесал уши и сделал ему предложение, от которого Майло не мог отказаться.

С того декабрьского дня Майло был котом пекаря и следил за тем, чтобы никого из нежелательных мышей не было в мучной пекарни. Майло не мог представить себе лучшего способа провести зиму. Старый пекарь Нуссбаумер предоставил ему исключительно хорошее жилье, еду и достаточно ласки. У пекаря были гораздо более тонкие руки, чем у господина Шоффеля. Они также хорошо пахли. Майло он очень нравился. Его бывшая хозяйка была забыта, Моника и приют для животных были забыты. И особенно забыт - господин Шоффель. Он и пекарь составили действительно хорошую команду.

Это могло бы продолжаться вечно, но в феврале случилось то, чего не ожидали ни он, ни пекарь Нуссбаумер: это произошло в самые последние дни зимы (в конце концов, это был почти март), в городе лежал черный лед, которого давно не видели и не чувствовали. Особенно тяжело это почувствовал пекарь. Он поскользнулся и сломал не менее 8 костей. Майло с ужасом наблюдал, как его забирает машина скорой помощи. «Счастье не длится вечно, - подумал Майло. Еще несколько дней он хотел убедиться, что дела идут хорошо, поэтому остался в мучной.

Он позаботился о мышах и дождался возвращения пекаря. Дни превратились в недели, но пекарь все не возвращался. Мучная пыль теперь прилипала к меху

Майло, и что-то еще торчало в его душе. Что-то тяжелое и черное, жесткое и неприятное. Майло становился грустнее с каждым днем. Он даже не хотел ухаживать за собой. Почему пекарь не вернулся? Это все больше и больше становилось воспоминанием для Майло, и это воспоминание привело к еще большему количеству воспоминаний, и это заставило Майло впервые почувствовать себя потерянным. Ему даже мыши больше не нравились. Тогда, еще в мучной, болезнь началась с его шерсти, которую врачи не считали болезнью. Тем не менее Майло было плохо. В какой-то момент, может быть, это был конец апреля, в мучную зашли незнакомцы и расчистили ее. Мужчина схватил Майло, который был слишком ошеломлен, чтобы ударить ногой, и снова оказался в приюте. Опять же, никто не связал Майло с отчетом о поиске от господина Шоффеля. На этот раз его осмотрели два ветеринара, которые не знали, чем объяснить его странную внешность. Физически он был здоров - но теперь все было так, как я уже описывал раньше: Майло выглядел так, как будто кто-то плохо его залатал. От его некогда прекрасной шерсти почти ничего не осталось. Прошел почти год с тех пор, как женщина без имени уехала в Индию, и Майло все еще задавался вопросом, нашла ли она то, что искала.Он очень бы хотел узнать ответе. Между тем он тоже не мог найти себя. Большую часть времени он лежал на боку, как в коридоре господина Шоффеля, ему не нравилась еда, и никто из людей, которые то и дело приходили, чтобы забрать домой животное и не забирали его. Кому было интересно такое печальное похмелье? Один из ветеринаров предложил через некоторое время уложить Майло спать. Тем временем он вяло дремал, когда внезапно его осторожно подняли на руки. Неожиданный гость - в лице Моники - пришел в приют. "Майло! Что с тобой случилось?» Она вздохнула: «Я возьму это с собой сегодня!

»Ее голос звучал очень решительно. И она

унесла маленького Майло в новую квартиру. Поскольку он был сейчас здесь, он решил, что у них с Моникой теперь будет гораздо более приятный домовладелец. «Счастье не длится вечно, - подумал Майло. «Но и беда тоже не длится вечно!» Что-то подсказывало ему, что он будет счастлив еще долго.

Он немного поел, потом через некоторое время снова стал мыться. В ту ночь Майло особенно хорошо спал. Проснувшись, он сел перед кроватью Моники и стал ждать, пока она, наконец, проснется.

Он хотел вместе с ней осмотреть новую квартиру.

Но Моника все еще спала. Майло был действительно взволнован. Впереди новый день, а Моника все еще спала. Поскольку все это длилось для него слишком долго, он решил помочь. "Мяу"!

Claudia J. Schulze & Anke Hartmann

Russian Stories

RUSSIAN / ENGLISH

128

Studium der **Literaturwissenschaften, Psychologie, Kognitionswissenschaften** und **Philosophie** in Freiburg, Zürich, Karlsruhe und Konstanz. Abschluss in Pädagogischer Psychologie mit Literatur-Didaktik, Promotion in Freiburg.
Redaktionsmitglied der Literaturzeitschrift **WANDLER**
Mitglied der **Konstanzer Autorengruppe** „Literarisches Café" und des **Steinbachensembles** (Baden Baden)
Veröffentlichung mehrerer Kurzgeschichten sowie Lyrik und Auszüge längerer Erzählungen in unterschiedlichen Literatur-Zeitschriften in Deutschland, Österreich und der Schweiz (Wandler, cet, Am Zeitstrand, decision, Anthologien wie die Bibliothek deutschsprachiger Gedichte,
Hörbücher (In den Schuhen der Welt, Nachtflüge)
Print- & Online-Veröffentlichungen, Print-On-Demand.
Autorengruppen in sozialen Netzwerken mit Veröffentlichungen
Sprecherin literarischer Texte

Veröffentlichung mehrerer Rezensionen (Print- und Online), Bibliothek deutschsprachiger Gedichte, Slam-Poetries, zahlreiche Autorengruppen und Literatur-Blogs. Zum Teil im internationalen Austausch.

129

Изучала литературу, психологию, когнитивная науку и философию во Фрайбурге, Цюрихе, Карлсруэ и Константии. Диплом по педагогической психологии с литературной дидактикой, докторская степень во Фрайбурге. Член редколлегии литературного журнала WANDLER. Член авторского коллектива Константии "Литературное Кафе"и ансамбля Штайнбах (Баден-Баден). Публикация нескольких рассказов, а также стихов и отрывков из длинных рассказов в различных литературных журналах Германии, Австрии и Швейцарии (Wandler, cet, Am Zeitstrand), антологии, такие как библиотека стихов на немецком языке. Аудиокниги ("В шкуре мира", "ночные полеты"). Печатные и онлайн-публикации, печать по запросу.

Anke Hartmann hat die Bilder gemalt die in diesem Deutsch-Russischen oder Russisch- Deutschen Buch die Geschichten illustrieren. Sie wohnt und arbeitet in Leipzig, wo sie sehr erfolgreich ein Atelier betreibt.

Анке Хартманн нарисовала картинки, иллюстрирующие истории в этой немецко-русской или русско-немецкой книге. Она живет и работает в Лейпциге, где у нее очень успешная студия.

Oksana Shishkina hat diese Geschichten übersetzt.

Abschluss an der Kazan State University mit Auszeichnung in Mikrobiologie im Jahr 2004. Abschluss an der University of Management "TISBI" mit Auszeichnung in Zivil- und Völkerrecht im Jahr 2013.

Ich arbeite als Spezialist im italienischen Visumantragszentrum. Ich spreche Englisch, Deutsch und Italienisch. Ich mag Literatur, Philosophie, Geschichte und Religion.

Ich bin geboren und lebe in Kazan, Russland

Оксана Шишкина (Переводчик: Оксана Шишкина) В 2004 году окончила Казанский государственный университет с отличием по специальности "Микробиология". В 2013 году окончила Университет управления «ТИСБИ» с отличием по специальности "Гражданское и международное право". Работаю специалистом в Визовом центре Италии. Владею английским, немецким и итальянским языками. Увлекаюсь литературой, философией, историей и религией.

Родилась и живу в Казани, Россия

131